実録・自民裏金取材

「赤旗」が暴いた闇

しんぶん赤旗
日曜版編集部 著

新日本出版社

目次

※肩書きは、２０２４年11月22日現在。**資料**の日曜版記事の肩書きは掲載当時のまま。

1　始まりは記者の〝違和感〟だった

「あなたたちは自民党の闇を暴いた」

「『改正』政治資金規正法が国会で成立し、〝これで国民も裏金事件を忘れる〟と思っている議員がいるが大間違いだ。あと2、3年は裏金事件が自民党を直撃し続ける。あなたたちは、自民党の闇の中の闇を暴いたのだから」。自民党の閣僚経験者の言葉です。

「パー券収入／脱法的隠ぺい／2500万円分不記載／岸田派など主要5派閥」の見出しが躍る、自民党派閥の政治資金パーティーの政治資金規正法違反（不記載）を告発した「しんぶん赤旗」日曜版のスクープ（2022年11月6日号）。これが端緒となり、自民党派閥のパーティー裏金事件が発覚しました。

政治ジャーナリストの田﨑史郎氏は四国新聞のコラム（23年12月17日付）に「政治資金パーティーを巡る疑惑がいずれ噴き出すことは知る人ぞ知る話だった。昨年（22年）11

月、『しんぶん赤旗』日曜版が報じて以来、自民党本部事務方トップは警戒感を抱き、岸田（文雄首相）に早期解散を進言していた」と書きました。

裏金事件を受け、安倍派、二階派、岸田派の会計責任者らの立件と派閥の解散について報じた2024年1月20日付新聞各紙

自民党派閥の裏金問題をスクープした「赤旗日曜版の舞台裏」として山本豊彦日曜版編集長のインタビューを報じた「報道1930」＝2024年1月9日放映（BS-TBSから）

『サンデー毎日』2024年5月19・26日号

岸田政権の支持率最低に

大手メディアの世論調査で、岸田政権の支持率は政権発足後最低に下落。24年7月7日投開票だった東京都議会議員補欠選挙で自民党は、選挙前の5議席から半減し、2議席当選にとどまりました。

『サンデー毎日』（24年5月19・26日号）は記しました。「30年余前、リクルート事件を発掘したのは、朝日新聞川崎支局だった」「メディアの調査報道が世の中を大きく変えるきっかけとなった」「今回の裏金事件で言えば……日曜版の……スクープがそれに該当するのではないか」

英国の政治経済誌『エコノミスト』（24年4月20日号）は日本の大手メディアへの皮肉もこめて書きました。「共産党の比較的無名な新聞が日本の政治を方向づけている」

韓国紙ハンギョレ新聞（24年4月2日付）。「日本を震撼《しんかん》させた『自民党裏金』スクープ……『食べ物の出ないパーティー』が糸口に」との大見出しで「しんぶん赤旗」の1ページ特集を掲載しました。記事は、「日本社会を襲った裏金問題は、ある新聞社のスクープから始まった。数百万部の部数を誇る巨大メディアではない。野党の日本共産党の機関紙『しんぶん赤旗』だ」と書きました。

記者がパーティー会場で見たもの

新型コロナウイルス感染症が猛威を振るっていた21年12月6日の夕刻。赤旗日曜版の2人の記者が東京都千代田区の有楽町駅で地下鉄を降りました。有楽町よみうりホールで開かれる自民党議員の政治資金パーティーを取材するためです。

パーティーの情報を事前につかんだのは編集長の山本豊彦。国土交通省官僚出身の足立敏之・自民党参議院議員側が、ゼネコン業界に1枚2万円のパーティー券を1500枚、3000万円分も〝押し売り〟しているという

국제 기획

일 뒤흔든 '자민당 비자금' 특종, 실마리는 '음식 없는 파티'

일본공산당, 102년 역사 자랑…유일하게 당명 안 바꾼 정당

1面を使って日本共産党特集を掲載したハンギョレ新聞2024年4月2日付

日曜版
2022年 1月23日
参院選へ 国交省出身自民議員 ゼネコンにパー券押し売り
癒着スクープ
大型公共事業を見返りに
1社100万以上、計3000万円
税金還流の構図

自民党の足立敏之参議院議員の政治資金パーティーについて報じた赤旗日曜版（2022年1月23日号）

のです。

ゼネコン関係者は山本に語りました。「足立さんは、昔ながらの建設族議員だ。その足立さんにパーティー券の購入を依頼された日建連（日本建設業連合会）が、会員のゼネコン各社に割り当てた。大手が1社で150万円、それより下のクラスは1社100万円だ。22年の参議院選挙の資金集めだといっている。あまりの高額にみんな怒っているが、買わないと仕事を干されるのではとの恐怖から買わざるを得ない」

1990年代の「政治改革」。腐敗の温床である企業・団体献金は温存されました。その抜け穴の一つが、政治資金パーティー。パーティー券の大半は、企業・団体が購入しています。足立氏のように、ゼネコン業界に3000万円分購入してもらうのはその典型。事実上の企業・団体献金です。

しかも国民の税金を原資とする大型公共事業を受注するゼネコン業界による政治家のパーティー券の〝爆買い〟は、税金が政治家に還流する構図です。取材に向かったのは、安倍晋三元首相が公的行事を私物化した「桜を見る会」疑惑を取材した記者の笹川神由《かみゆ》と藤川良太でした。

自民党の足立敏之参議院議員の政治資金パーティー。岸田文雄首相がビデオメッセージを寄せました＝2021年12月6日、東京都千代田区（足立氏のフェイスブックから）

コロナ禍で飲食なし、水も出ない

藤川は10年ほど前、政治部記者だったころに政治資金パーティーを取材したことがあります。担当の山田健介デスクに「政治家のパーティーといえば、ホテルの宴会場にお酒やドリンク類、ローストビーフなどの食べ物が並ぶ立食パーティー形式でした」と語っていました。

藤川は、足立氏の政治資金パーティー「国政セミナー」の会場に入ると驚きました。新型コロナウイルスの感染拡大防止のため、立食パーティー形式ではなく、飲食抜きで着席のセミナー形式だったからです。

壇上には、国交省から公共事業を受注するゼネコンの業界団体の幹部らがズラリ。約半年後の参議院選挙に向けた決起集会のようでした。日建連の宮本洋一会長（清水建設会長）は「足立先生を引き続き国会の場に送り出さねばならない」「万全の支援体制を整えしっかりと支えていく」と檄《げき》を飛ばしました。足立氏は岸田派所属。岸田文雄首相もビデオ出演するという〝首相お墨付き〟のパーティーでした。

日曜版は、2022年1月23日号の1面トップ記事で、「癒着スクープ／ゼネコンにパー券押し売り／参院選へ　国交省出身自民議員／大型公共事業を見返りに／税金還流の構図」と報じました。

取材を終えた藤川はこんな感想を口にしました。

「あんなの全然パーティーじゃないですよ。ただ席に座って、あいさつを聞いてお開きです。飲食どころか水も出ない、手土産もなし。あれで会費2万円は、ボッタクリですよ」

この時に藤川が感じた違和感が、その後の裏金スクープにつながることになります。

政治資金規正法によると、政治資金パーティーは「対価を徴収して行われる催物」（第8条の2）。その催物の収入（会費＝パーティー券代）から、かかった経費（案内状発送代や会場代、飲食代など）を差し引いた残額を、その催物を開催した者またはそれ以外の者の政治活動に関し支出することができるという仕組みです。

「対価性低く、事実上の寄付」（上脇教授）

国会議員などが開く政治資金パーティーの会費は1枚2万円が相場。対価性をいうなら、1枚2万円のパーティー券代にみあった内容でなければなりません。

政治資金に詳しい神戸学院大学の上脇博之《ひろし》教授はこう指摘しました。「パーティー券の販売収入は、飲食などの『対価性』があるから寄付と区別される。足立氏のケースは対価性が低く、事実上、寄付にあたる」

笹川が国会会議録で「対価性」を検索すると、日本共産党の国会議員団がたびたび質問で取り上げていたことがわかりました。

19年4月24日、参議院の特別委員会。共産党の井上哲士《さとし》議員は、過去に政府が〝パーティー券の価格が社会常識の範囲内であり、出席を前提に購入されたものである限りは寄付には該当しない〟と答弁したことを示したうえで「逆に言えば、パーティー券の価格が実態と比べて常識の範囲を超えるものだったり、欠席を前提に購入されたものは寄付に該当するか」と質問。総務省自治行政局選挙部長（当時）から〝社会通念上の価額を超える場合は寄付になる〟との重要な答弁を引き出しました。

共産党議員の国会質問が、赤旗記者の取材の指標になることがあります。笹川は「井上議員の質問は非常に大事だ」と感じました。

コロナ禍の当時、コンサートや演劇などの公演や飲食を伴うイベントは軒並み中止に追い込まれ、多くの主催者が苦境に陥っていました。

一方、政治家だけが政治資金パーティーでボロもうけしているのではないか――。記者からは怒りの声があがりました。

デスクの山田は笹川に指示しました。「コロナ禍でパーティーを開き、ボロもうけしている政治家は足立氏だけではないはずだ。岸田政権の閣僚のパーティーを調べよう」

2　20万円超の購入者はどこへ？

「コロナ禍の政治資金パーティーで政治家はボロもうけしているのではないか。岸田政権の閣僚のパーティーを徹底して調べよう」。日曜版編集部のデスク山田健介の指示を受け、記者の笹川神由が調査を始めました。目に留まったのは、岸田政権の経済再生担当相（当時）で、新型コロナウイルス対策担当だった山際大志郎衆議院議員のパーティーでした。

感染拡大逆手にコロナ禍でボロもうけした担当大臣

コロナ禍の2020年末。山際氏は感染拡大を理由にパーティーでの飲食の提供をやめました。会場も従来のホテルから、格安の憲政記念館（東京都千代田区）に変えました。にもかかわらず、パーティー券は例年と同じ1枚2万円で、会場定員の1・7倍も販売し

「志公会と語る夕べ」で壇上に立つ志公会の麻生太郎会長＝2020年7月16日、東京都内（自民党・井林辰憲衆議院議員のブログから）

ていました。

日曜版は「コロナ担当山際大臣／利益率95％の政治資金パーティー／感染拡大逆手にボロもうけ」（22年2月13日号）と報じました。

神戸学院大学の上脇博之教授は「これまでもパーティーは形を変えた『政治献金』と批判されていたが、コロナ禍でその違法性はますます高まった」と指摘しました。

編集部が次に取材の対象にしたのが、年1回のパーティーで億単位という巨額の収益をあげていた自民党派閥のパーティーでした。

派閥パーティーについてネット検索していたデスクの山田。こんな記事が出てきました。

「コロナ禍で強行　麻生派『飲食なし』2万円パーティーの中身」（「日刊ゲンダイDIGITAL」20年7月15日）。記事では「ボッタクリ」と表現されています。

政治資金収支報告書（20年分）によると、麻生派は20年7月16日に都内のホテルで政治

規　　模	5,000人以下、かつ収容人員の50%以下という行政の指針を順守する。具体的には使用する3会場の着席での収容人数の50%である2,957人を上限とする。上限に達した場合は入場を制限する。
食　　事	マスクの着脱を防ぐため飲食物は一切提供しない。
お 土 産	飲食物を提供しない代わりに、来場者にはお土産をお持ち帰りいただくことで従来形式とのギャップを埋める。また、政策検討チームがまとめた政策集も配布する。
開催時間	従来の概ね2時間の所要時間を、感染リスク低減のため最長1時間以内に収める。
来　　賓	従来通りご招待するが、総理のご挨拶は事前に収録したものを当日、スクリーンにて再生する。

資金パーティー「志公会と語る夕べ」(会費2万円)を開催。「飲食なし」で会場費などの経費が約1817万円で収入は約2億1706万円。一晩で約2億円も荒稼ぎしていました。

山田から調査を指示された笹川。ネット検索するなかでパーティーの実行委員長を務めた松本純・元国家公安委員長が、自身のホームページに新型コロナウイルスの感染対策の「実施ガイドライン」を掲載しているのを見つけました(上の写真)。

ガイドラインは「行政の指針を順守する」ため「3会場の着席での収容人数の50%である2957人を上限とする」「飲食物は一切提供しない」と明記しています。

議員ごとに分ける奇妙な記載

麻生派はパーティー券を約1万850枚も売りさばきなが

ら、参加者は事前に約３０００人に制限。不参加を前提にパーティー券を販売していたのです。パーティー会費を装いながら、その実態は企業・団体献金であることの動かぬ証拠です。

麻生派パーティーを調べていた笹川。電気技術者らでつくる「全友会」という政治団体の収支報告書の奇妙な記載に疑問を抱きました。

全友会は麻生派のパーティー券を40万円分購入。しかし、原田義昭・元環境相名で20万円、甘利明・元自民党幹事長名、中西健治衆議院議員名で各10万円と、議員ごとに分けて記載されていました（次ページ写真）。

全友会は安倍派のパーティー券を26万～36万円分購入。こちらも議員ごとに記載していました。

「同一のパーティーへの支出なのに、なぜ議員ごとに分けて書かれているのだろう」。疑問を持った笹川は山田に報告しました。

政治資金規正法は、１回のパーティーで同一の企業や団体から20万円超の収入があれば、大口購入者として収支報告書への記載を義務付けています。ところが、麻生派や安倍派の収支報告書にはその記載がありません。

若林健太前参議院議員「清和政策研究会との懇親の集い」会費		100,000	31	3	22	清和政策研究会（若林健太）
長谷川岳参議院議員「清和政策研究会との懇親の集い」会費		100,000	31	3	22	清和政策研究会（長谷川岳）
越智隆雄衆議院議員「清和政策研究会との懇親の集い」会費		60,000	31	3	22	清和政策研究会（越智隆雄）
中川雅治参議院議員「清和政策研究会との懇親の集い」会費		100,000	31	3	22	清和政策研究会（中川雅治）
甘利明衆議院議員「志公会と語る夕べ」会費		100,000	31	3	22	志公会（甘利明）
原田義明衆議院議員「志公会と語る夕べ」会費		200,000	31	3	22	志公会（原田義明）
中西健治衆議院議員「志公会と語る夕べ」会費		100,000	31	3	22	志公会（中西健治）

全友会の2019年分の政治資金収支報告書。麻生派「志公会」と安倍派「清和政策研究会」のパーティー券代を、議員ごとに分散する形で支出したと記載しています

収支報告書の記載に疑問を持ったら、必ず前後の年も確認するのが鉄則。事務的ミスか、意図的な不記載かが推測できるからです。

別の年を調べると、全友会は17~20年の4年間でも毎年、麻生派と安倍派のパーティー券を、議員ごとに分けて支出し、合わせると20万円超購入していました。しかし麻生派と安倍派は大口購入者として記載していませんでした。

全友会の事務担当者は笹川の取材に「各議員からパーティーの案内があり、それぞれ分けて入金した」と説明しました。

「昔からある手口だ」（自民党関係者）

麻生派と安倍派は、全友会からの収入を議員ごとに分散して、足し合わせないことで、20万円超の大口購入者の名

前が出ることを意図的に隠したのではないか。そんな疑いが出てきました。

山本豊彦編集長は、その疑惑を知り合いの自民党関係者にぶつけました。すると関係者は「自民党の派閥のパーティーでは、議員ごとに企業にパーティー券を買ってもらっている。それを足し合わせないことで企業の名前が表に出ないようにしている。昔からある手口だ」とあっさり認めました。

総務省政治資金課は笹川に「分割でも一括でも、1回のパーティーで20万円を超える収入があれば、収支報告書への記載義務がある」と説明しました。

日曜版（22年6月19日号。21ページ資料）は見開き特集で「スクープ／麻生派パーティー2億円荒稼ぎ／不参加を前提に大量販売」と報じました。記事には「議員ごとに収入を分割／購入者隠す脱法的手法／規正法違反不記載疑い」との見出しもあります。

笹川がこの脱法的手法に気づいたことが、後に自民党の裏金事件の契機となる派閥パーティーの大量不記載スクープにつながることになります。

資料 スクープ　２０２２年6月19日号

麻生派志公会パーティー2億円荒稼ぎ

編集部の調べで、自民党麻生派「志公会」（麻生太郎会長）の政治資金パーティーをめぐる政治資金規正法違反疑惑が判明しました。形を変えた企業・団体献金である政治資金パーティーの闇を追います。

不参加を前提に大量販売

違法の疑いがあるのは２０２０年7月16日、都内のホテルで開かれた麻生派の政治資金パーティー「志公会と語る夕べ」（会費2万円）。メディアは「１０００人超が出席」（毎日新聞同年7月17日付）、「会費を支払った約７０００の個人や企業などのうち、会場の東京都内の高級ホテルに集まったのは約１０００人」（読売新聞21年11月27日付）と報じています。

志公会の政治資金収支報告書（20年）によると、パーティーの収入は2億１７０６万４７２７円。会費2万円なので、1万８５３人分のパーティー券を販売したことになります。これは当日の参加者約１０００人の約10倍。不参加分は対価性がないため寄付に

麻生派 志公会 パーティー 2億円 荒稼ぎ
スクープ
不参加を前提に大量販売
3千人に制限 販売1万 対価性ない"寄付集め"
議員ごとに収入を分割 購入者隠す脱法的手法
自民党関係者「昔からある手口」
企業・団体献金全面禁止に 共産党国会議員団が法案提出

麻生派の政治資金パーティーをめぐる疑惑をスクープした赤旗日曜版（2022年6月19日号）

あたるにもかかわらず、パーティー収入と計上しています。政治資金規正法違反（虚偽記載）の疑いが出てきます。

パーティーの案内状の印刷費や会場費などの支出は１８１７万５５６４円。収入から経費を差し引いた残りは約１億９８８８万円で利益率約91％。２億円もボロもうけした計算です。

３０００人に制限しながら販売１万枚

編集部の調べで、麻生派は当日の参加者制限を事前に決めながら、それを上回る大量のパーティー券を売った疑いが出てきました。

同パーティーの「実施ガイドライン」。麻生氏の側近でパーティーの実行委員長を務めた松本純・元国家公安委員長のホームページに掲載されています。

ガイドラインは新型コロナの感染防止のため「飲食物は一切提供しない」「最長1時間以内に収める」などと記載。「会場の着席での収容人数の50％である2957人を上限とする。上限に達した場合は入場を制限する」としています。

パーティーの入場制限（上限2957人）を事前に設けながら、その約3・7倍の1万853人分のパーティー券を売っていたことになります。

対価性度外視した〝寄付集め〟

神戸学院大学の上脇博之教授は「不参加者による支払いは対価性がなく寄付にあたり、不記載と虚偽記入の疑いがある」と指摘します。「志公会は入場制限をしていながら大量にパーティー券を販売している。不参加が前提で、対価性を度外視した確信犯的な『寄付集め』と言わざるを得ません」

志公会はこのパーティーの様子をインターネットでオンライン配信しました。しかし政府は〝オンラインで開催する催物は、政治資金規正法上の政治資金パーティーと解することは難しい〟との立場です。

志公会の収支報告書によれば少なくとも、24の企業・団体が1396万円分（698人分）のパーティー券を購入しています。

「その他の政治団体」の志公会は企業や労働組合などその他の団体から寄付は受けられません。企業などの不参加分は違法な寄付にあたる可能性があります。

議員ごとに分けて購入者隠す脱法的手法

編集部の調べでパーティーをめぐる政治資金規正法違反（不記載）と脱法手口が判明しました。

政治団体「全友会」（東京都千代田区）の収支報告書（17～20年）によると、全友会は志公会のパーティー券を毎年計40万円分購入。安倍派（旧細田派）の「清和政策研究会」（清和会）からも毎年計26万～36万円分購入しています。

政治資金規正法は、1回のパーティーで同一の企業や政治団体などから20万1円を超える収入があった場合、購入者名などを収支報告書に記載するよう義務づけています（第12条第1項）。しかし、両政治団体の4年分の収支報告書の購入者欄に全友会の記載はありません。不記載には5年以下の禁錮又は100万円以下の罰金という罰則があります。

全友会の収支報告書（同）には、志公会のパーティー券40万円分の購入について、原田義昭・元環境相名で20万円、甘利明・前自民党幹事長名、中西健治衆議院議員名で各10万円と、議員ごとに分けて支出を記載。清和会についても同様の手法で記載しています。

編集部の取材に全友会の事務担当者は、「各議員からパーティーの案内があり、それぞれ分けて入金した」と説明します。

志公会と清和会は、全友会からの収入を、足し合わせないことで、20万円超の大口購入者の名前が表に出るのを隠したのです。

「昔からある手口」（自民党関係者）

自民党関係者が明かします。「自民党の派閥のパーティーでは、議員ごとに企業にパーティー券を買ってもらっている。それを足し合わせないことで企業の名前が表に出ないようにしている。昔からある手口だ」

総務省自治行政局政治資金課は「分割でも一括でも、1回のパーティーで20万1円を超える収入があれば、収支報告書への記載義務がある」と説明します。政治団体と違い企業は収支報告書を提出しないので、脱法的手法は表に出ません。

企業が議員ごとにパーティー券を購入し、それを政治家側は足し合わせない――。この結果、パーティー券の大口購入者の名前を隠すことができるのです。

編集部の取材に志公会と清和会は期限までに回答しませんでした。

3　他の政治団体でもきっとしている

自民党派閥の裏金疑惑の端緒となった日曜版スクープ（2022年11月6日号）はどのようにうまれたのか――。

日曜版編集部記者の笹川神由が「全友会」という政治団体の政治資金収支報告書の記載から端緒をつかみ、山本豊彦編集長が自民党関係者から得た証言で浮上した「政治とカネ」の重大疑惑。自民党の派閥が、所属議員ごとに収入を分ける脱法的手口で政治資金パーティー券の大口購入者を隠していた政治資金規正法違反（不記載）疑惑をどう記事にしたのかは、メディアも調査報道の点から注目しています。

〝横展開〟して調査広げる

日曜版では、疑惑をみずからの調査で報道する際、気をつけていることがあります。

ある議員や団体の疑惑を見つけたら、前後の時期はどうだったのか〝縦の関係〟を調べる。別の議員や団体が同じことをしていないか〝横展開〟して調べる――の二つです。例えば公的行事「桜を見る会」の私物化疑惑。各界の功績・功労者を招くという会の趣旨に反して安倍晋三元首相は自身の後援者を大量に招いていました。実は他の国会議員らもこぞって安倍氏と同じことをしていました。

違法・脱法的行為については、一人の政治家に限られるケースもありますが、自民党内で〝共有〟され、組織的な疑惑に発展するケースも少なくありません。そのため〝横展開〟することが大事です。

全友会と同じような記載を他の政治団体もしているに違いないと考えたデスクの山田健介。〝横展開〟して、ほかの政治団体の収支報告書で支出の項目を調べてみまし

公的行事「桜を見る会」の趣旨に反し、自身の後援者を大量に招いて問題になった安倍晋三元首相。自民党のほかの議員らも同じことをしていました＝世耕弘成・元自民党参議院幹事長の後援会ニュース2016年新年号（画像は一部加工）

た。すると、全友会と同様に派閥パーティーへの支出を議員ごとに分けて記載している複数の政治団体が、すぐに見つかりました。

その一つが「全日電工連政治連盟」。安倍派の「清和政策研究会（清和会）」（19年は細田派）に、19年4月11日付で、10万円、20万円、20万円、10万円、さらに同年5月7日付で20万円、計80万円を議員ごとに分割して支出していました。

足し合わせれば20万円超え

1回のパーティーにつき同一の団体から計20万円超を受け取った清和会側には大口購入者として全日電工連政治連盟の名前などを収支報告書に記載する義務があります。しかし記載はありません。

山田は「全友会以外にも類似のケースがかなりありそうです」と山本編集長、笹川に伝えました。

その後、山田と笹川は互いに連絡をとり、類似の案件を探していきました。山田が2団体見つければ、笹川は5団体見つける――。派閥側の不記載はみるみる増えていきました。

〝あたり〟をつけて調べる

政治団体ごとに記載の方法はまちまちでした。パーティーの名称に議員名を添え書きしたもの、住所として議員会館の部屋番号を書いたもの――。どのケースも、派閥の所属議員ごとに支出を分けている点は共通していました。個々の議員には20万円を超えない額でも、足し合わせれば20万円を超え、派閥側に記載義務が生じます。

山田は笹川に「これは大規模な不記載事案になりそうだ」と伝え、取材を指示しました。18～20年分の収支報告書を調べ、派閥側の不記載を表にまとめることです。

派閥のパーティー券販売の仕組み

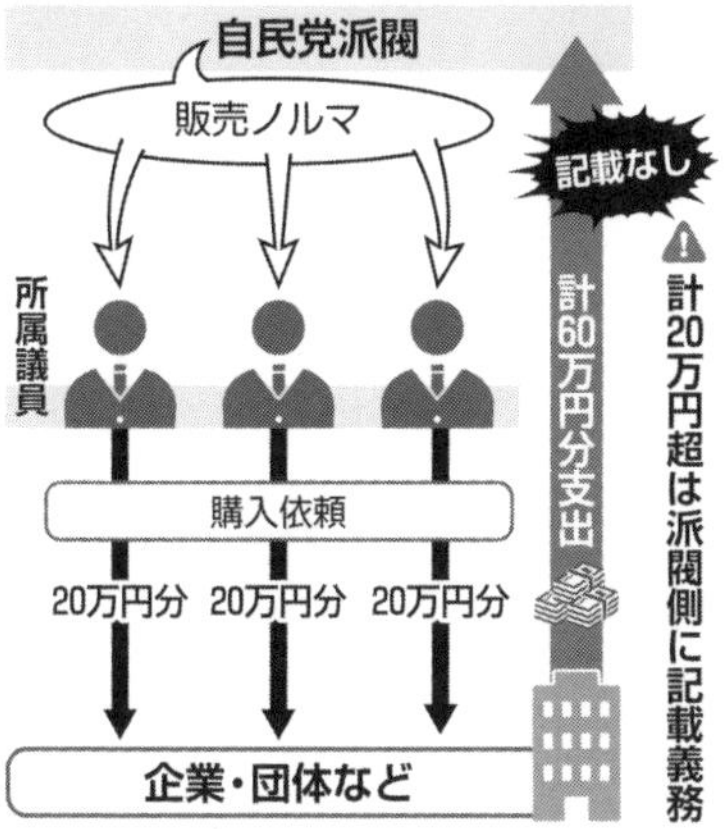

政治団体の数は全国でおよそ5万8000とされます。収入も支出も〝ゼロ〟の〝休眠〟団体も多くあります。〝あたり〟をつけて調べることが重要です。

議員ごとに分散して派閥のパーティー券を購入しているのは、多くは業界団体と表裏一体の「政治連盟」などでした。そのうち派閥

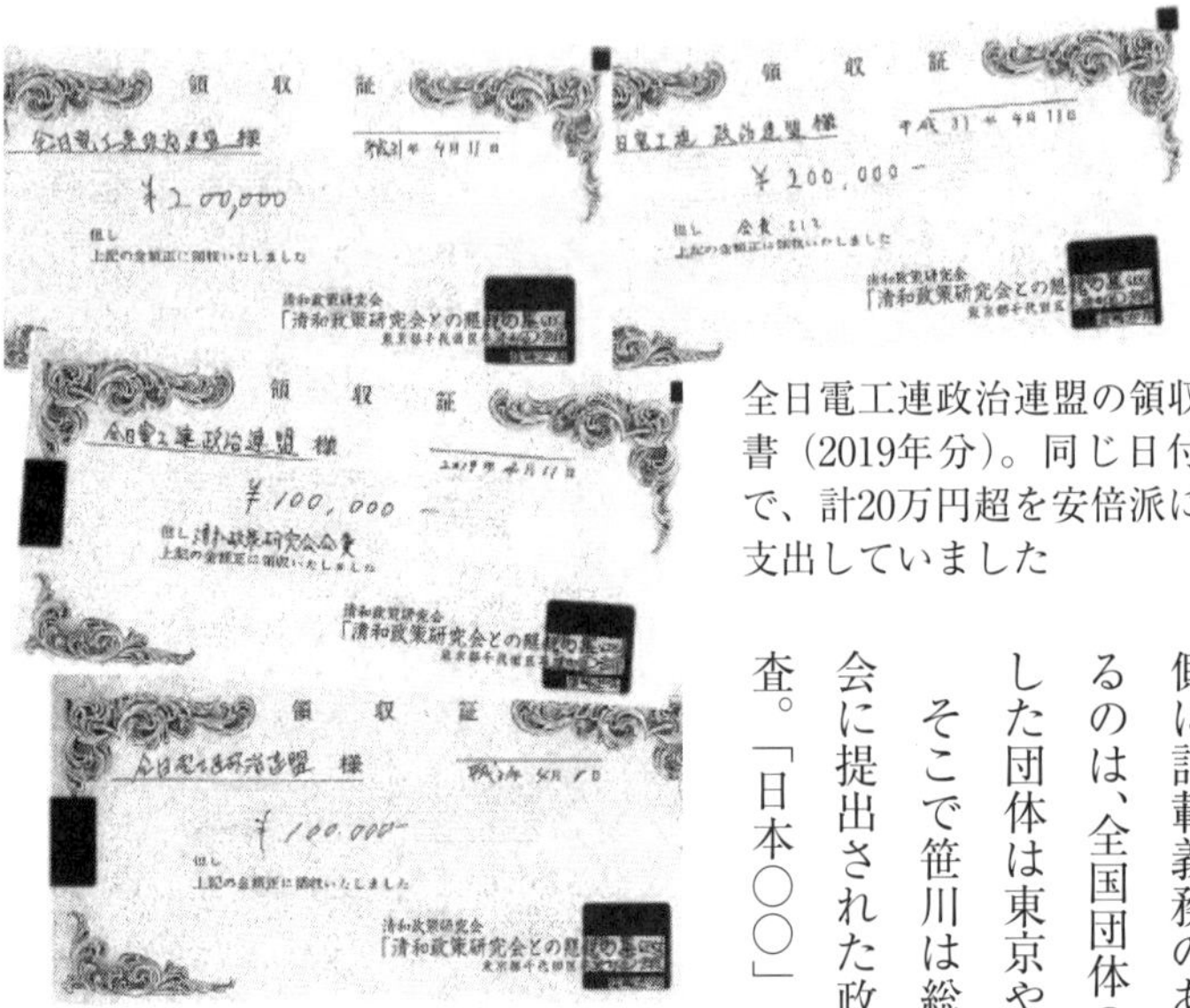

全日電工連政治連盟の領収書（2019年分）。同じ日付で、計20万円超を安倍派に支出していました

側に記載義務のある20万円超のパーティー券を購入しているのは、全国団体の本部が多いことに気がつきました。こうした団体は東京や大阪などに本部があるのが一般的です。

そこで笹川は総務省と東京都、大阪府の両選挙管理委員会に提出された政治団体の収支報告書に対象をしぼって調査。「日本○○」「全日本○○」「全国○○」などの名称の政治団体の収支報告書を優先的に調べました。その結果、効率的に不記載の件数・金額を積み上げることができました。

電話取材に政治団体の担当者は

笹川は政治団体の担当者に連絡し、派閥パーティー券購入と、記載の意味を直接、電話などで聞きました。

全日電工連政治連盟は次のように説明しました。「同じ派閥に所属する複数の自民党議員からパーティーの案内があり、別々にパーティー券の購入を依頼された。それぞれ分けて口座に振り込んだ」

整形外科医政協議会は……。「支援している自民党の議員から派閥のパーティー券の購入を頼まれる。同じ派閥に所属する別の自民党議員からも〝割り当てがあって大変なので協力して〟と購入依頼があり、それぞれ分けて振り込んだ」

全国産業資源循環連合会政治連盟は……。「3人の自民党議員からパーティーの案内があり、『5口分お願い』『3口分お願い』と頼まれ、その分を購入した」

笹川が直接、話を聞いた政治団体は20を超えました。意外だったのは、取材への反応です。自民党の派閥のパーティー券を購入している政治団体なのに、日曜版の取材に冷たい対応をしたのは1、2件ほど。多くは、自分たちの収支報告書の記載に間違いがないことを丁寧に説明しました。

真実を追究するためには、相手の言い分をきちんと聞くなど取材できることはすべてやる。日曜版の鉄則です。

気がつけば、不記載の件数や金額は当初の想定をはるかに上回るものになっていました。

4　「総額2500万円くらいありそうです」

自民党派閥の政治資金パーティーで、20万円超のパーティー券を購入した政治団体の政治資金収支報告書で支出を調べ、派閥側の収支報告書と突き合わせる作業を続けた日曜版編集部記者の笹川神由。その結果、自民党の主要5派閥すべてが、パーティー券を20万円超購入した団体名などを収支報告書に記載しておらず、政治資金規正法違反（不記載）の疑いがあることがわかりました。

33人分購入でも実際の参加は数人

政治団体への聞き取り取材で、新たな政治資金規正法違反の疑いも浮上しました。

2020年に安倍派のパーティー券を計66万円分（33人分）購入したと記載していた政治団体「日販協政治連盟」。「実際にパーティーに参加したのは理事長や副理事長ら数人だ

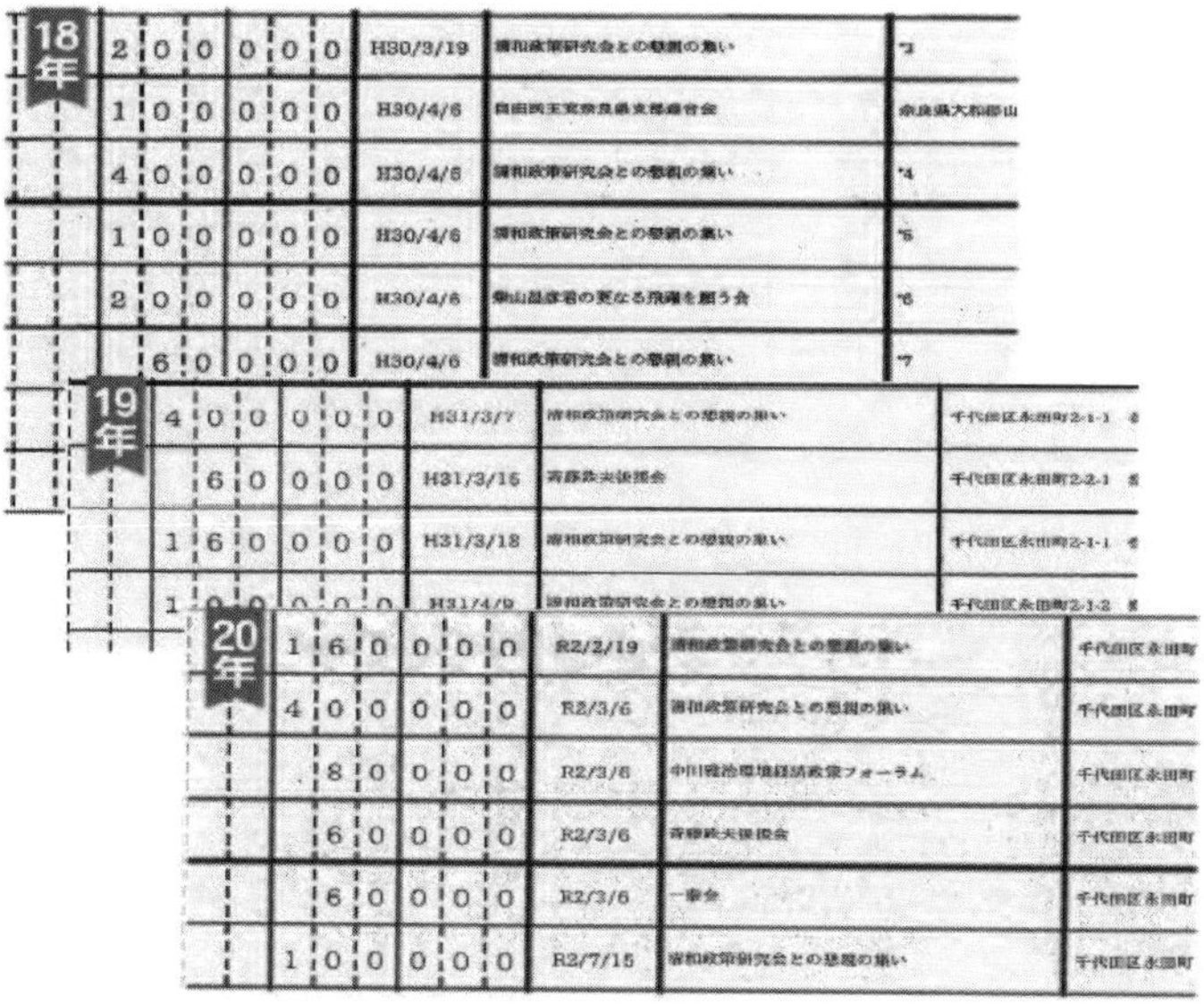

18年

2	0	0	0	0	0	H30/3/19	清和政策研究会との懇親の集い	*3
1	0	0	0	0	0	H30/4/6	自由民主党奈良県支部連合会	奈良県大和郡山
4	0	0	0	0	0	H30/4/6	清和政策研究会との懇親の集い	*4
1	0	0	0	0	0	H30/4/6	清和政策研究会との懇親の集い	*5
2	0	0	0	0	0	H30/4/6	柴山昌彦君の更なる飛躍を願う会	*6
	6	0	0	0	0	H30/4/6	清和政策研究会との懇親の集い	*7

19年

4	0	0	0	0	0	H31/3/7	清和政策研究会との懇親の集い	千代田区永田町2-1-1
	6	0	0	0	0	H31/3/15	斉藤鉄夫後援会	千代田区永田町2-2-1
1	6	0	0	0	0	H31/3/18	清和政策研究会との懇親の集い	千代田区永田町2-1-1
1	[illegible]	[illegible]	0	0	0	H31/4/9	清和政策研究会との懇親の集い	千代田区永田町2-1-2

20年

1	6	0	0	0	0	R2/2/19	清和政策研究会との懇親の集い	千代田区永田町
4	0	0	0	0	0	R2/3/6	清和政策研究会との懇親の集い	千代田区永田町
	8	0	0	0	0	R2/3/6	中川雅治環境経済政策フォーラム	千代田区永田町
	6	0	0	0	0	R2/3/6	斉藤鉄夫後援会	千代田区永田町
	6	0	0	0	0	R2/3/6	一新会	千代田区永田町
1	0	0	0	0	0	R2/7/15	清和政策研究会との懇親の集い	千代田区永田町

日販協政治連盟の収支報告書。2018～20年に毎年、計20万円超を安倍派の「清和政策研究会」に支出していました

け。33人も参加していない」と断言しました。

「日本養豚振興政治連盟」もこう回答しました。「18、19年は岸田派のパーティー券をそれぞれ計40万円分購入したが、全国に役員がいるため全員は参加していない。会長や副会長が出席するか、代理で事務局から2、3人が参加する程度だ」

政治資金規正法は政治資金パーティーについて「対価を徴収して行われる催物」と規定。不参加分は対価性がないため事実上の寄付にあたります。パー

清和政策研究会（安倍派）が2018年5月に開いた政治資金パーティーの様子（北村経夫参議院議員のフェイスブックから）

ティー収入として計上していれば政治資金規正法違反（虚偽記載）にあたる可能性があります。さらに――。

複数の政治団体が「収支報告書を提出するにあたり、派閥側からパーティー券を何枚購入したかの確認の電話がくる。派閥側はどの団体が何枚購入したかを把握しているはずだ」と語りました。

派閥側が収支報告書を作成する時に各団体に確認しているというのです。証言通りなら、単純な事務処理のミスではなく、〝確信犯〟である疑いが濃厚です。

不記載は意図的、組織的

笹川が集計した派閥側の不記載件数は18～20年までの3年間だけで少なくとも59件、金額は２４２２万円分にのぼりました。

その段階で、笹川はデスクの山田健介に「不記載は総額で２５００万円くらいありそうです」と報告しました。「え、いくらって言った？」。山田は耳を疑いました。

笹川が作成した不記載の一覧表をみると、件数も金額も、当初の想定をはるかに超える規模でした。「一人でここまで徹底的に調べるとは……」と山田は驚きました。

総務省が公表している収支報告書で一つの団体について調べるだけでも面倒な作業です。そもそもどの政治団体が派閥のパーティー券を購入しているかは調べてみないとわかりません。公表中の18～20年の3年分、一つ一つ収支報告書を確認し、表に落とし込むのは並大抵の作業量ではありません。

不記載の団体を一覧表にして整理したことで、見えてきたことがあり

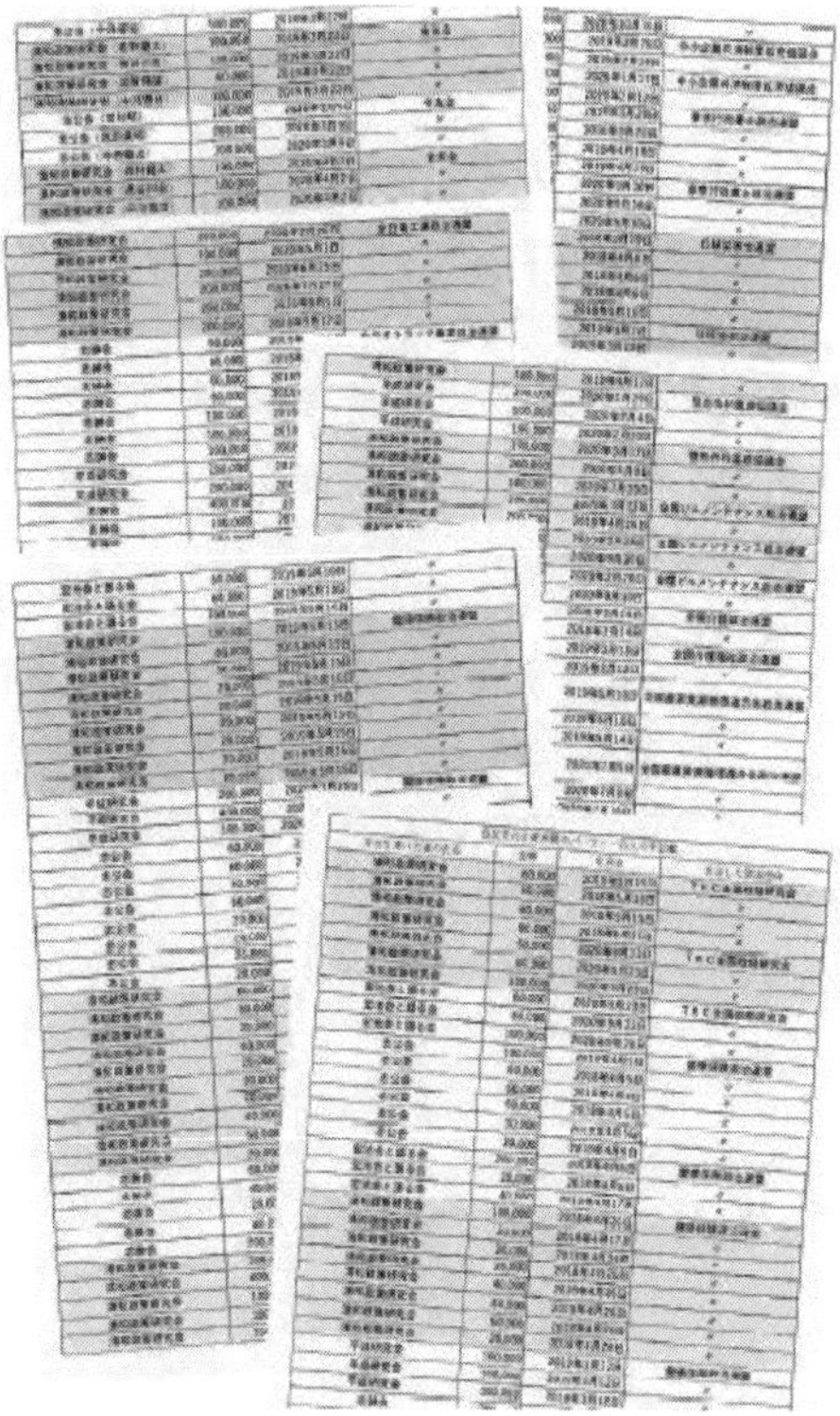
笹川が作成した主要5派閥の不記載の一覧表。網掛け部分は安倍派

ます。派閥が、ある団体からの収入を1年分だけ不記載にしているようなケースはほとんどなく、同じ政治団体について3年連続で不記載にしているケースが目立ちます。派閥が意図的、組織的に不記載にしていた疑いが濃厚になったのです。

ここまで大量の不記載が判明するのは前代未聞、これならスクープとして強く報じられる。一覧表を見ながら山田は確信しました。

編集長の山本豊彦にこれを伝え、22年7月の参議院選挙前後にも、各派閥に質問を出したうえで、これを大きく報じようと日曜版編集部は構えていました。

安倍元首相銃撃事件で取材を中断

そんな矢先、記事の掲載を延期せざるを得ない事態が生じました。安倍晋三元首相の銃撃事件です。

22年7月8日、奈良市で参議院選挙の応援演説中だった安倍氏が手製銃で撃たれ死亡しました。被告が逮捕後、統一協会（世界平和統一家庭連合）への恨みから「教団と関わりが深い安倍氏を狙った」と供述したことから、統一協会の霊感商法や自民党政治家との関係が浮き彫りになりました。

取材班は、統一協会と自民党の癒着関係などの取材にあたることになり、いったん派閥の政治資金パーティーの取材は中断を余儀なくされました。

事件から3カ月が過ぎ、10月を迎えました。

政治団体の収支報告書は、総務省または都道府県選挙管理委員会で、原則11月30日までに公表されます。公表されるのは3年分だけ。22年11月末には、新たに21年分の収支報告書が公表される代わりに、公表されていた18年分は閲覧できなくなってしまいます。取材班が調べた派閥側の収支報告書の不記載は18～20年までの3年分でした。

「11月末には18年分の収支報告書の公表期間が終わるので、調べた内容の〝賞味期限〟が切れてしまいます」

笹川がデスクの山田に訴えました。せっかく派閥パーティーの記事を掲載し、他のメディアが後追い記事を書こうとしても、18年分の収支報告書が確認できなければ後追いすることもできません。

取材班は記事を出すにあたり、神戸学院大学の上脇博之教授にコメントをもらうことにしました。笹川は、自身が作成した不記載の一覧表を上脇教授と共有しました。

「政治とカネ」の問題の第一人者である上脇教授は驚きました。「よく調べたな……」

5　時間切れ寸前のスクープ掲載

5万超す政治団体を地道に調査

2022年7月8日に発生した安倍晋三元首相銃撃事件で、記事の掲載が延び延びになっていた自民党派閥の政治資金パーティーをめぐるスクープ。政治資金収支報告書の公表期限が終了する同年11月末が掲載のタイムリミットでした。

日曜版編集部は同年10月、神戸学院大学の上脇博之教授に連絡をとり、記者の笹川神由がまとめた不記載の一覧表を共有した上で記事へのコメントを求めました。上脇教授は当時を振り返ります。

「〝よく調べた〟と本当に驚きました。派閥の収支報告書の方は、誰もが調べますが、それとは逆の、購入した政治団体から調べるのは簡単なことではないので普通はやりません。政治団体は全国で5万を超えます。そもそもどこの政治団体が派閥のパーティー券を購入しているかは調べてみないとわからない。それなのに、この団体が購入しているのではないかと予想し、団体側の支出の記載と派閥側の収入の記載を突き合わせて、不記載を明らかにしていく。私も収支報告書を調査していますが、気が遠くなるような地道な作業です。収支報告書の調査の大変さを知っているだけに、本当に頭が下がりました」

党内で手口共有

上脇教授はこの時の思いをこう記しています。「私は『日曜版』の地道な調査とスクープ報道を、何が何でも活《い》かす必要があると考え（中略）刑事告発しました」（『月刊憲法運動』24年7月号）

笹川の作成した不記載の一覧表を見て、上脇教授は、次のコメントを寄せました。

「これだけ複数の派閥の政治団体で不記載が多数あるということは、単純なミスではなく、意図的に不記載にしており、党内にその手口が共有されているのではないか。パーティー券を購入した政治団体名を公表したくないことにとどまらず、パーティー券の売り上げ総額を過少にして、裏金をつくっているのではないかとの疑惑も生じる」

上脇教授のコメントを読んだデスクの山田健介。パーティーの売り上げを過少に報告して「裏金づくり」をしているという指摘については、「さすがの自民党もそこまでは……」と思っていました。

後に自民党派閥が長年、巨額の裏金づくりを行っていたことが発覚。上脇教授の予見が見事に的中しました。

疑惑の本丸は企業購入分

上脇教授は、記事での談話でもう一つ重要な指摘をしました。「パーティー券を購入した企業についても同様の不記載がある可能性もあります。しかし現行法では確認する手だてが一切ありません」

山田は、知り合いの自民党秘書が紙袋に入った大量のパーティー券をちらっと見せて「今から企業まわり。買ってくれるのはほとんどが企業」といっていたことを思い出しました。

日曜版が突きとめた計約2500万円分の不記載は、すべて政治団体関係のもの。パーティー券を購入した政治団体側の収支報告書の支出の記載と、派閥側の収入の記載を突き合わせることで割り出したものです。

しかし政治団体と違い、企業には収支報告書の提出義務がありません。そのため、派閥側が企業からの収入を記載しなければ、外部からのチェックは不可能です。パーティー券の大半は企業・団体が買っており、ここが疑惑の本丸なのです。

企業・団体献金禁止こそ

自民党は裏金事件を受け、政治資金規正法改定案を国会に提出。公明党の主張を取り入れ、パーティー券の大口購入者の公開基準額を「20万円超」から寄付と同じ「5万円超」に「修正」し、同改定案は24年6月に可決・成立しました。

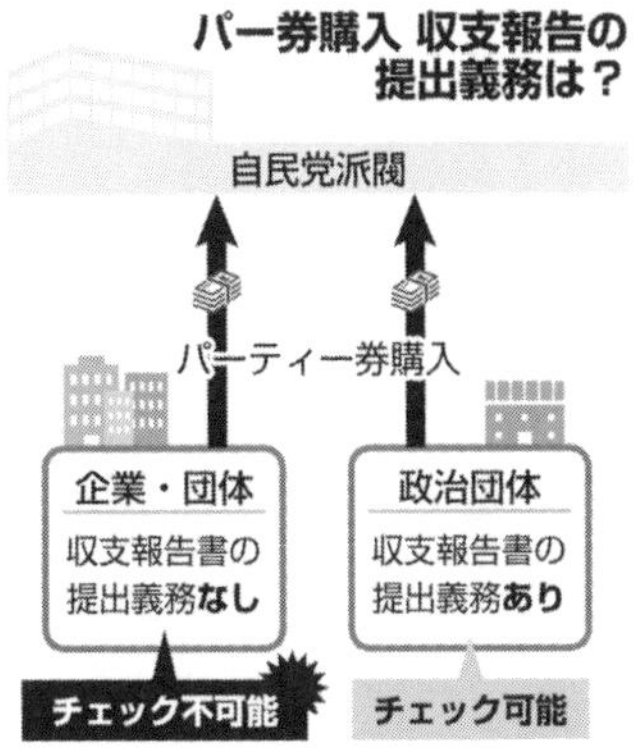

しかし企業の購入分は外部からチェックできません。この闇をなくすには、企業・団体によるパーティー券の購入を含め企業・団体献金を禁止するしかありません。

笹川の集計の結果、自民党主要5派閥の不記載は計59件、2422万円に上ることがわかりました。

3年間の不記載の件数と金額は、安倍派が24件（1242万円分）。茂木派が10件（400万円分）。二階派が10件（326万円分）。麻生派は9件（282万円分）。岸田派が6件（172万円分）でした。

編集部の取材に、麻生派は「ご指摘の政治団体名の記載がもれていたので、収支報告書を訂正したい」と回答。茂木派は「現在調査中。不記載が明らかになれば、収支報告書を修正する」。岸田派、安倍派、二階派は期限までに回答しませんでした。

ようやく「パー券収入脱法的隠ぺい／2500万円分不記載／岸田派など主要5派閥」（22年11月6日号。本ページ資料）の記事を出すことができました。記事が出ても自民党の各派閥は、訂正すれば済むという考えでした。しかし自民党本部の中枢には、裏金事件につながるのではないかという危機感を持った人物がいました。

資料 2022年11月6日号

パー券収入 大口購入者を脱法的隠ぺい 2500万円分不記載

岸田派など主要5派閥

議員ごとに分散させ抜け道

政治資金パーティー券を20万円超購入した大口購入者の名前を自民党の派閥（政治団体）が脱法的手法で政治資金収支報告書に記載せず、隠していた――。岸田文雄首相が会長の「宏池政策研究会」（宏池会）など主要5派閥のパーティーに政治資金規正法違反（不記載）の疑いがあることが編集部の取材で判明しました。不記載は２０２０年までの3年間で少なくとも59件、額面で計２４２２万円分に上り前代未聞の規模です。自民党全体で政治資金規正法違反の脱法的手法が横行している疑いがあり、岸田首相は調査と実態解明の責任が問われます。

「分割でも一括でも記載義務ある」（総務省）

「同じ派閥に所属する複数の自民党議員からパーティー券の購入を頼まれ、それぞれ分けて口座にパーティー券代を振り込んだ」

政治団体「全日電工連政治連盟」（東京都港区）の事務担当者が語ります。

政治資金収支報告書によると同団体は18年、岸田派の「宏池政策研究会」のパーティー券を3月14日付で10万円分、4月11日付で20万円分、合計30万円分購入していました。同団体は同様に、安倍晋三元首相が会長を務めた安倍派（旧細田派）の「清和政策研究会」（清和会）からも複数回に分けパーティー券計90万円分を購入していました。

自民党主要5派閥の政治資金パーティーをめぐる疑惑をスクープした「赤旗」日曜版（2022年11月6日号）

政治資金規正法は、1回のパーティーで同一の企業や政治団体などから20万1円以上の収入があった場合、購入者の名前などを政治資金収支報告書に記載するよう義務付けています（第12条第1項）。しかし、宏池会と清和会の収支報告書の購入者欄には、全日電工連政治連盟の名前が記載されていません。

総務省自治行政局政治資金課は「分割でも一括でも、1回のパーティーで同一の者から20万1円以上の収入があれば、収支報告書に記載する義務がある」と説明します。

20万円超のパーティー券の購入者名を収支報告書に記載していなければ、政治資金規正法違反（不記載）

にあたる疑いがあります。不記載には5年以下の禁錮または100万円以下の罰金という罰則があります。

政治団体分の大口不記載、3年間で59件

自民党の派閥による不記載はこれだけではありません。

編集部は総務省や東京都、大阪府の両選挙管理委員会に提出された政治団体の政治資金収支報告書(18~20年分)を調査。その結果、自民党の派閥のパーティー券を20万円超購入しながら、派閥側の収支報告書に購入者として記載されていない政治団体は19に上りました。3年間の不記載は少なくとも59件。記載がない政治団体が購入したパーティー券の総額は2422万円と巨額です。

最も不記載が多かったのは「清和会」で24件(10団体)。岸田首相が会長の「宏池会」は6件(5団体)が不記載でした。

茂木敏充幹事長が会長の茂木派(旧竹下派)の「平成研究会」は10件(7団体)。麻生派の「志公会」(麻生太郎会長)は9件(4団体)。二階派の「志帥会」(二階俊博会長)は10件(6団体)が不記載でした。

自民党派閥の不記載は、いずれも同じ手法を使ったものでした。

パーティー券を購入した政治団体の担当者は購入の経緯を詳しく話します。

「支援している自民党の議員から派閥のパーティー券の購入を頼まれた。同じ派閥に所属する別の自民党議員からも〝割り当てがあって大変なので協力して〟と購入依頼があり、それぞれ分けて振り込んだ」（整形外科医政協議会）

「3人の自民党議員から同一のパーティーの案内があり、『5口分お願い』とか『3口分お願い』と頼まれ、それぞれについて購入した」（全国産業資源循環連合会政治連盟）

同じ団体にパーティー券を買ってもらっても、その収入を議員ごとに分割して報告することで、20万円超のパーティー券を購入した団体の名前を隠していたのです。さらに――。

パー券購入33人分、参加は数人だけ

清和会のパーティー（20年）で計66万円分（33人分）を購入した「日販協政治連盟」。事務担当者は「実際にパーティーに参加したのは理事長や副理事長ら数人だけ。33人も参加していない」と証言します。

日本養豚振興政治連盟の事務担当者は「18、19年は宏池会のパーティー券をそれぞれ計40万円分購入したが、役員は全国にいるため全員は参加していない。会長や副会長が出席するか、代理として事務局から2、3人が参加する程度だ」と話します。

政治資金規正法は政治資金パーティーについて「対価を徴収して行われる催物」と規

定。総務省自治行政局政治資金課は「政治資金パーティーの対価として得た収入であっても、その代金が社会通念上の価額を超える場合は寄付として扱われると解される」と説明しています。

不参加分は対価性がないため事実上の寄付にあたり、パーティー収入として計上していれば政治資金規正法違反（虚偽記載）にあたる可能性があります。

氷山の一角　企業分は検証不可

大口購入者の不記載が判明し、収支報告書を訂正したケースも――。

茂木幹事長が会長の平成研究会は18年、大手鶏卵生産会社「アキタフーズ」の元代表から受け取ったパーティー券代の30万円を収支報告書に記載していませんでした。しかし、アキタ社の元代表が吉川貴盛・元農林水産相（元自民党衆議院議員）に計500万円を提供した疑いが出た後、平成研究会は収支報告書を訂正しました。

政治団体と違い企業は収支報告書を提出する義務がないため、こうした脱法的手法は表に出ません。企業が派閥の議員ごとにパーティー券を分けて購入し、それを政治家が足し合わせない手口で収支報告書に記載しなければ、検証する方法はありません。今回見つかった不記載は氷山の一角で、実際にはもっと多くの不記載があるとみられます。

複数の政治団体が「収支報告書を提出するにあたり、派閥側からパーティー券を何枚購入したかの確認の電話が来る。派閥側はどの団体が何枚購入したかを把握しているはずだ」と説明しています。

政治団体の会計責任者は会計帳簿を備えるとともに、すべての収入を記載しなければなりません（政治資金規正法第9条）。政治資金パーティーについては、パーティーごとにその名称や開催の日、収入の金額や購入者の氏名などを会計帳簿に記載しなければならないと規定されています。

パーティー券の大口購入者の名前は会計帳簿を見ればわかること。自民党の各派閥は会計帳簿を公表し、大口購入者の実態を明らかにする必要があります。

政治資金規正法はその目的について、政治活動を「国民の不断の監視と批判の下に」置くことで「政治活動の公明と公正を確保」する、と定めています。自民党の主要派閥が法の趣旨に反し、意図的に大口購入者の名前を隠していたとすれば重大です。

編集部の取材に、志公会は「ご指摘の政治団体名の記載がもれていたので、収支報告書を訂正したい」。平成研究会は「現在調査中。不記載が明らかになれば、収支報告書を修正する」としました。宏池会、清和会、志帥会は期限までに回答しませんでした。

日曜版（22年6月19日号）は、政治団体「全友会」が17年から4年間、志公会と清和会のパーティー券を毎年計20万1円分以上購入していたのに、両政治団体の4年分の収支報告書の購入者欄に全友会の記載がないと報じました。しかし志公会と清和会は収支報告書をいまだに訂正していません（22年10月31日現在）。

前代未聞の不記載　裏金づくりの疑い　神戸学院大学教授　上脇博之さん

これだけ多くの不記載は前代未聞です。複数の派閥の政治団体で不記載が多数あるのは、単純なミスではなく、意図的に不記載にしており、自民党内にその手口が共有されている可能性があります。

今回明らかになったのは氷山の一角で、企業によるパーティー券購入についても同様の不記載が、より大規模に横行している可能性が濃厚です。しかし現行法では確認する手だてが一切ありません。公表するよう法律を改正すべきです。

不参加分は寄付になるのでパーティー券を大量に購入した政治団体や企業の名前を公表したくないことに加え、パーティー券の売り上げ総額を過少にして裏金をつくっているのではないかとの疑惑も生じます。各派閥の政治団体は会計帳簿を公表して説明責任を果たさなければ疑念は増幅するばかりです。

6　メディアは後追いせず

２０１８〜20年の３年間で自民党の主要５派閥が、記載義務のある20万円超の政治資金パーティー券購入者を、計59件、計２４２２万円分も政治資金収支報告書に記載していなかったという大規模な政治資金規正法違反（不記載）疑惑を告発した日曜版のスクープ（22年11月６日号）。

日曜版編集部記者の笹川神由がつきとめた不記載の件数と金額は、最大派閥である安倍派が24件（１２４２万円分）。茂木派が10件（４００万円分）。二階派が10件（３２６万円分）。麻生派が９件（２８２万円分）。岸田派が６件（１７２万円分）に上りました。

収支報告書は誰でも閲覧可能なもの。新潟県など一部を除けば、インターネットで過去３年分が公表されています。そのため、いくつかのメディアは後追い報道をするだろうと考えていましたが……。

自民中枢に危機感

日曜版のスクープを、メディアはまったく追いかけませんでした。

安倍晋三元首相が公的行事の「桜を見る会」を私物化していた疑惑を日曜版が最初にスクープ（19年10月13日号）した際も、メディアは後追い報道をしませんでした。デスクの山田健介は笹川に「『桜』の時と同じパターンかな」と話しました。

ところが、日曜版のスクープに危機感を抱いた人物が自民党本部の中枢にいました。その人物の「日曜版は派閥のパーティーをつぶすまでやる気なのか」との言葉も編集部に伝わってきました。しかしその当時、この疑惑が裏金に結び付くとは編集部も思っていませんでした。

政治ジャーナリストの田﨑史郎氏は四国新聞のコラム（23年12月17日付）にこう書いています。

「今回の政治資金パーティーを巡る疑惑がいずれ噴き出すことは知る人ぞ知る話だった。昨年（22年）11月、『しんぶん赤旗』日曜版が報じて以来、自民党本部事務方トップは警戒感を抱き、岸田（文雄首相）に早期解散を進言していた」

日曜版はスクープの次の号で「慌てて報告書訂正」（22年11月13日号）という続報を掲載しました。

岸田派の「宏池政策研究会」や麻生派の「志公会」、二階派の「志帥会」が、相次いで日曜版の指摘通りに収支報告書（18〜20年分）を訂正したのです。複数の派閥が訂正したにもかかわらず、他のメディアが報じることはありませんでした。

安倍派の不記載額がダントツ

一方、神戸学院大学の上脇博之教授は着々と刑事告発の準備を進めていました。

上脇教授は、日曜版の報道をもとに22年11月9日付で「清和政策研究会」の会長（18〜21年）だった細田博之衆議院議長（当時）や会計責任者ら計3人を刑事告発しました。パーティー券を20万円超購入した11の政治団体の名前や購入金額を、収支報告書に記載しなかった政治資金規正法違反（不記載）容疑です。

後に自民党派閥の裏金事件の発覚につながる、最初の刑事告発となりました。

上脇教授は告発状で「複数の政治団体からの20万円超の収入を3年連続で見落とすことなどありえない。3年間の合計額は1374万円と高額で悪質だ。裏金になった可能性もあり、企業が購入した分についても捜査する必要がある」と、改めて裏金の疑いを指摘していました。

取材班は当時、主要5派閥の中で安倍派「清和政策研究会」が、不記載の件数、金額とも突出していたことを意外に感じていました。

安倍派は自民党の最大派閥でありながら、パーティーの収入金額は主要5派閥の中で、18年は3番目、19年と20年は5番目でした。

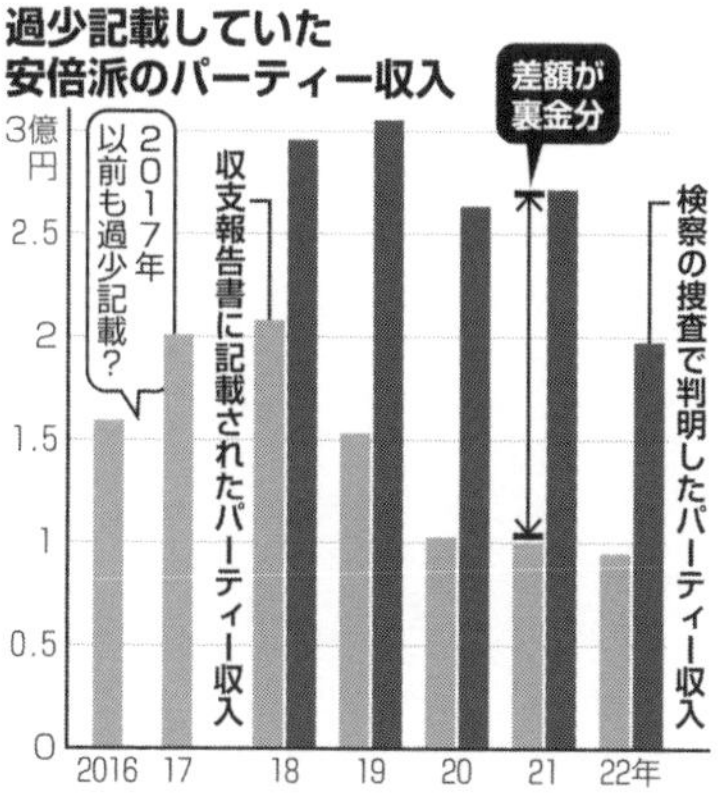

20年分の収支報告書を見ると、二階派や麻生派のパーティー収入が2億円超なのに、安倍派は半分の1億円余でした。パーティー収入は他の派閥より少ないのに、不記載の件数や金額がダントツなのはなぜなのか――。

のちに安倍派がパーティー収入を過少記載していた事実が判明したことで、ようやくその謎が解けました。

安倍派の会計責任者の公判。検察の冒頭陳述によれば、安倍派の実際のパーティー収入は18

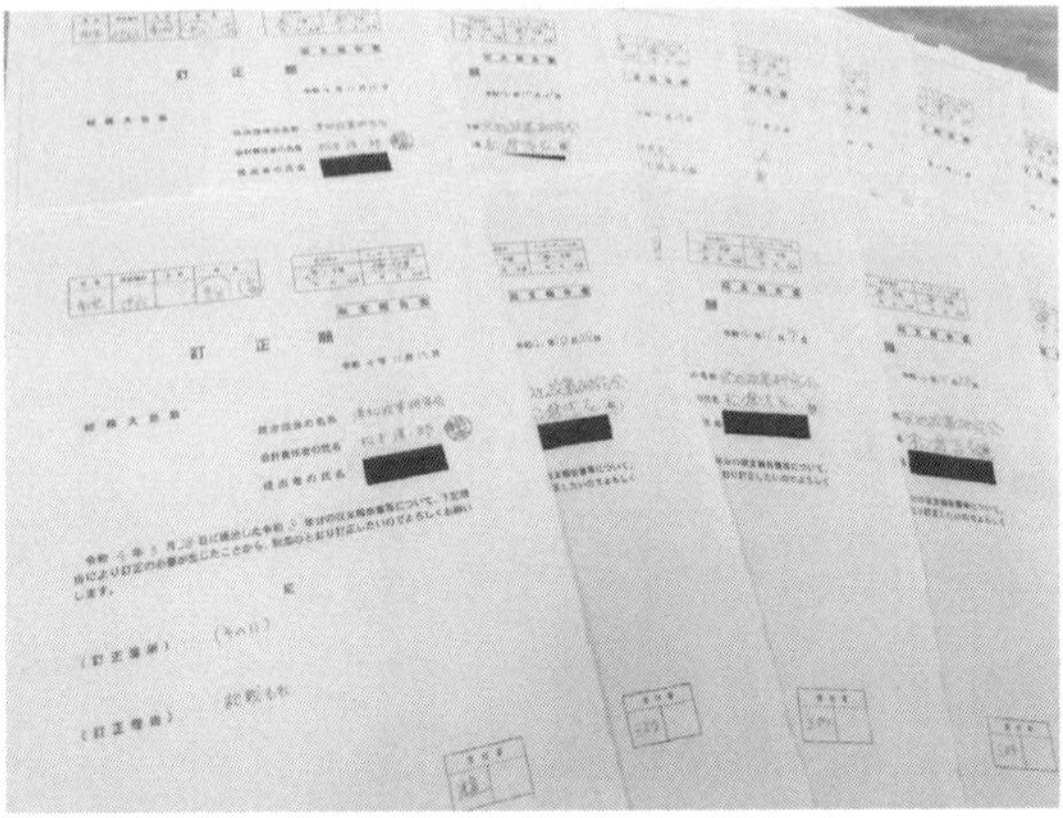

自民党5派閥が提出した「訂正願」。日曜版が指摘するたび訂正をくり返しました

年は2億9583万5000円（収支報告書の記載は2億802万円）。19年は3億554万円（同1億5338万円）。20年は2億6383万円（同1億262万円）でした。安倍派は実際のパーティー収入のうち毎年1・5億円ほどを裏金処理し、収支報告書に過少記載していたのです。

日曜版の指摘分だけ訂正

笹川が調査を続けると新たな不記載が判明しました。5派閥は日曜版の質問を受けて収支報告書を訂正。しかし、訂正するのは毎回、指摘された分だけでした。訂正後に日曜版が別の不記載を指摘すると、再訂正、再々訂正する派閥まで。本気で自らの会計を総点検するつもりがないのは明らかでした。

デスクの山田は上脇教授との電話で「他のメディアが後追いしないこともあり、派閥は明らかに甘くみていると思います。毎回、日曜版が指摘した分しか訂正しないんですよ」

と愚痴をこぼしました。

上脇教授は笑いながらいいました。「山田さん、だからこそ、いいんじゃないですか」

7　収支報告書の訂正は〝罪の自白〟

自民派閥　〝訂正すれば問題ない〟

自民党の主要5派閥による政治資金収支報告書の大量不記載をスクープした日曜版（2022年11月6日号）。大手メディアが〝沈黙〟するなか、派閥側は、〝訂正すれば問題ない〟と言わんばかりに、日曜版が指摘した部分だけ収支報告書を訂正するという対応を続けていました。

こうした対応に愚痴をこぼした日曜版デスクの山田健介に、神戸学院大学の上脇博之教授は「だから、いいんじゃないですか」と笑っていいました。

「日曜版の指摘を受けた派閥側は、〝訂正すれば問題ない〟とばかりに訂正しています。しかしその訂正は、私にとっては〝罪の自白〟です。しかも自ら調べてすべてを訂正するのではなく、日曜版の指摘を受けた分だけ訂正する。これは悪質性を示すもので、告発しなければならない理由になります」

上脇教授の「訂正は〝罪の自白〟」という考え方を聞いた編集長の山本豊彦は「さすがは上脇さん」と感心しました。「ならば、われわれは今後もどんどん不記載を見つけて訂正させよう」と追加の調査を指示しました。

裏金事件に限らず、日曜版編集部は「政治とカネ」の問題について、上脇教授から、多くを学んできました。「訂正は〝罪の自白〟」という上脇教授の視点は、その後の取材の道標になりました。

裏金事件が表面化してからメディアで引っ張りだこの上脇教授。しかし大手メディアは当時、日曜版のスクープを受けた上脇教授の刑事告発をほとんど報じませんでした。

大手メディアの記者は明かします。「上脇教授が告発してもそれが真実かどうかわからないから記事にしなくていい、とデスクにいわれました」。大手メディアは、自らの責任で真実を追究することなく沈黙していたのです。

裏金事件でも大手メディアは、捜査当局が動けば報道します。捜査当局という後ろ盾があるからです。しかし日曜版や上脇教授の動きは後追いしない。これでメディアの原点である権力監視の役割が果たせるでしょうか。

元秘書の供述調書にみる日曜版

大手メディアが後追いしなくても派閥の不記載問題はこだわって追及しようと決めていた取材班。22年11月ごろ、新たな重要な動きが伝わってきました。

自民党の薗浦《そのうら》健太郎衆議院議員（当時）の政治資金をめぐって、東京地検特捜部が捜査に動いていることがわかったのです。

実はこの薗浦事件も、きっかけは日曜版（21年3月21日号。62ページ資料）のスクープでした。日曜版は、薗浦氏側が19年に、収支報告書に記載しない〝闇パーティー〟を開いていた疑惑を報道。これを受け、上脇教授が薗浦氏らを政治資金規正法違反（不記載など）容疑で刑事告発していました。それが東京地検特捜部の捜査の端緒となりました。

結果的に薗浦氏は自民党を離党し、議員辞職。関連政治団体が政治資金パーティーの収入を約4000万円過少に収支報告書に記載したなどとして元秘書2人とともに略式起訴され、罰金刑が確定（23年1月）しました。

その約半年後の23年6月末、日曜版記者の笹川神由は東京地検で、薗浦事件の刑事確定記録を閲覧していました。

元秘書の供述調書などには、21年当時の日曜版の取材を薗浦氏側がどうとらえていたかが克明に記録されていました。元秘書の供述調書には――。

〝訂正しておけば追及はやむ〟

「赤旗の記事が出る前に収支報告書を訂正してしまえば、この件は『既に訂正して終わったこと』となり、傷が浅くすむだろうと思いましたし、薗浦も同じ考えだったと思います。もちろん赤旗は、私たちが収支報告書を訂正したことをさらに記事で報じるでしょうが（中略）赤旗以外の一般紙等がこの件を後追いすることもまずないだろうと考えていました」

別の元秘書も「収支報告書の訂正という措置を講じることで、『お許しを頂けるだろう』、つまりマスコミに大きく報道されたりすることなく、自然と追及もやむだろうと考えていた」と供述しています。

元秘書の供述調書には、薗浦氏が「こっちは訂正したんだから、それで終わりだ

新聞各紙が報道し始めたのは、検察が捜査を進めてからでした

日曜版の追及に元首相補佐官側が"隠ぺい"工作
「政治生命に影響」
略式起訴され議員辞職
質問状が届き、ため息
ばれるのは想定外 まずいことになった
どうするの どう答えるのか 案作っておいて
赤旗はしっかり証拠を握っている
一般紙は深追いしないが赤旗にはさらに追及されるおそれがある
記事にされる前に訂正を
自民秘書が検察に語った赤旗の脅威
「権力監視」の役割くっきり
「日曜版には回答せず 他紙にはウソで対応」
「一般紙の追及なく"ほっ"」

薗浦健太郎氏の元秘書の供述調書から「赤旗」の権力監視の役割が浮き彫りとなったことを報じた赤旗日曜版（2023年10月8日号）

な」と発言したことも記載されています。

　訂正さえしてしまえば、赤旗は報じても他のメディアは報道しない。政治家側が大手メディアをどう見ているかをよく示しています。

“悪夢のコンビの再来”

　記録を閲覧した笹川は「5派閥の対応は、薗浦氏側とまったく同じ。これは自民党の組織的な方針なのかもしれない」と感じました。

　大量の不記載について自民党の派閥側は薗浦氏側と同じように訂正で済むと思っていたのかもしれませ

ん。しかし上脇教授は、派閥側が日曜版の指摘を受けて訂正するたびに告発し、悪質性を浮き彫りにしていきました。日曜版と上脇教授の連携プレーが、検察を動かすことになります。

『週刊新潮』は自民党派閥の不記載が問題になった際、薗浦事件にふれこう報じました。「ちなみにこの件も最初に暴いたのは『しんぶん赤旗』、そして刑事告発したのは上脇教授。自民党にとっては悪夢のコンビの再来」（23年11月23日号）

日曜版のスクープや上脇教授の告発から1年弱がたった23年10〜11月ごろ、取材班や上脇教授に複数のメディアから問い合わせが相次ぎました。

「自民党の派閥について特捜部が調べている」

資料 2021年3月21日号

癒着ビジネス、スクープ
〝秘密〟勉強会のライズ社　自民党議員に違法献金疑惑

「赤旗」日曜版（2021年3月7日号）が報じた新手の政官財癒着ビジネス。〝秘密〟勉強会の講師をつとめるなどした自民党国会・地方議員計6人に運営会社側が3年間で3760万円もの巨額資金を提供していたことが編集部の調べでわかりました。年間の寄付上限を上回るなど違法献金の疑いも――。

「講演してもらっているので献金した」

経営者の会「志友会」を運営するライズ・ジャパン（東京都港区、仲井力社長）。菅《すが》義偉《よしひで》首相や加藤勝信官房長官らを講師にした〝秘密〟勉強会を目玉に、地方の中小企業経営者から高額会費を集めていました。

加藤官房長官は21年3月12日の会見で、ライズ社の仲井社長との面識や勉強会参加を認めました。志友会の会員が加藤氏の枠で「桜を見る会」に参加した疑惑も、〝枠〟を否定しながら、「いろんな方々から出席したいとお話があり、事務所においてその意向を（関係部署に）伝えていた」と仲介は否定しませんでした。
政治家への資金提供を「（勉強会で）講演してもらっているので献金した」と認めている仲井氏。編集部は19年まで3年分の政治資金収支報告書で実態を調べました。

政治資金規正法の上限を超える資金提供

ライズ社側が資金提供していたのは、小泉進次郎環境相（550万円）、自民党の薗浦健太郎（1650万円）、田畑裕明（280万円）両衆議院議員の3国会議員、自民党の奥野詠子富山県議（360万円）、中沢公彦静岡県議（640万円）、不破大仁《ひろひと》石川県議（280万円）など。総額は3年間で少なくとも3760万円にのぼります。

内訳はライズ社からの企業献金が計2010万円、仲井氏の個人献金が725万円、関連会社や仲井氏の親族らからの献金などが1025万円です。

これらの資金提供を詳しく調べると、

しんぶん赤旗 日曜版 2021年3月7日
㊙勉強会が舞台
政官財癒着ビジネスを暴く
〝講師〟に菅首相も加藤官房長官も麻生副総理も小泉環境相も
〝広告塔〟のお礼に献金も スクープ
会費月10万円以上で地方経営者を食い物

2021年3月7日号

数々の違法献金の疑いが浮上してきました。

政治資金規正法は、1社が年間に寄付できる総額を資本金などに応じて制限していま す（第21条の3）。ライズ社はこれに違反している疑いがあります。法人登記簿によるとライズ社の資本金は1000万円で寄付上限額は年750万円。ところが同社は18年に825万円を献金しています。違反の罰則は同26条で1年以下の禁錮又は50万円以下の罰金とされています。

他人名義で寄付した疑い

政治資金規正法第22条の6が禁じる〝他人名義での献金〟をした疑いもあります。

薗浦議員の資金管理団体「新時代政経研究会」には、仲井氏の親族ら4人が個人献金しています。その1人、2年間で275万円を献金した女性は編集部の取材に「薗浦議員は知らない。献金のことも知らない」と証言しました。

政治資金に詳しい神戸学院大学の上脇博之教授は指摘します。「収支報告書に名前のある人が、献金相手を知らないという証言は決定的です。個人献金の上限（年150万円）を超えて寄付をしたい人が、他人の名義で寄付した疑いがある」

ライズ社側が3年間で最も多額の計1650万円を資金提供したのが薗浦議員。これとは別に19年には、志友会の会員12社から薗浦議員側に計150万円の献金があります。

あの手この手違法献金

癒着ビジネス スクープ第2弾

㊙勉強会のライズ社

上限額を超過 他人名義使い

献金覚えない。薗浦知らない

〝275万円寄付〟の女性が証言

安倍政権の首相補佐官 〝闇パーティー〟の疑い

2021年3月21日号

〝闇パーティー〟疑惑

さらに〝闇パーティー〟疑惑も浮上しました。

ライズ社は19年3月下旬、薗浦議員の「そのうら健太郎と未来を語る会」（19年4月3日）という政治資金パーティーの案内メールを志友会会員に送信しています。講師は甘利明元経済産業相でした。

このパーティーに参加したとみられる団体も。志友会会員の企業経営者が代表を務める政治団体「経世済民ノ会」（東京都）の収支報告書には同年4月9日、「そのうら健太郎君を励ます会」（住所は議員会館の薗浦事務所）宛てに20万円の会費支出をしたと書かれています。編集部の取材に同団体の事務担当者も「（パーティーへの支出は）記載通りだ」と答えています。ところが――。

薗浦議員の関連政治団体の収支報告書には当該パーティーの開催や収支に関する記載がありません。パーティーを開催しながら、収支報告書に記載しなければ政治資金規正法違反（不記載）です。不記載には5年以下の禁錮又は100万円以下の罰金という罰則があります。

前出の上脇教授は一連のライズ社の政治資金処理についてこう指摘します。

「あの手この手で政治家側に資金提供している。私からみても相当手の込んだ悪質なやり方。講演料やパーティー券購入の恩恵を受ける政治家にとってもおいしい話で、会が法律を完全に無視したウラ金作りの場になっている疑いがある。全容解明が必要です」

編集部の取材に仲井氏、薗浦氏、甘利氏は回答しませんでした。

8　パンドラの箱開けた自見大臣

特捜部に動き

日曜版編集部がスクープし、神戸学院大学の上脇博之教授が東京地検に刑事告発していた自民党派閥の政治資金パーティーをめぐる大量不記載問題。２０２３年10月ごろ、日曜版編集長の山本豊彦のもとに「東京地検特捜部が政治資金パーティー関係で自民党派閥を立件する可能性がある」という情報が入りました。

デスクの山田健介が知り合いの記者に聞くと「おそらく赤旗さんと上脇教授の案件だと思う」と明かしました。

他のメディアの記者からは「日曜版の過去記事を読みたい」「取材内容を教えてほしい」という問い合わせが複数寄せられました。上脇教授にも「告発状を見せてほしい」という問い合わせが相次ぎました。山本は「せっかくうちが最初に手をつけた話だ。今のうちにまとまった形で報じよう」と指示しました。

そこで記者の笹川神由は改めて18～21年分の政治資金収支報告書を精査。主要5派閥の不記載は計94件、額面で計4000万円に上りました。

「自民〝脱法〟パー券／積もりに積もって4000万円／5派閥〝手口〟共通 党内で常態化」（日曜版23年11月5日号。72ページ資料）と報じました。

特捜部が動いていることもあり、今度は多くのメディアが、5派閥の4000万円不記載と上脇教授の刑事告発について取り上げました。

同じころ、取材班は23年9月の内閣改造で万博担当相に就任したばかりの自見英子《はなこ》参議院議員についてのスクープ記事も準備していました。


日曜版が〝身体検査〟


日曜版では、内閣改造にあたり新閣僚らの収支報告書をチェックし、独自の〝身体検査〟をしています。

自見氏の閣僚入りが決まった際、笹川は自見氏の資金管理団体の収支報告書に違法性の疑いがある支出の記載を発見しました。自見氏が所属する二階派「志帥会」が21年に開いた政治資金パーティーに、自見氏の資金管理団体が支出したとみられる２００万円の「会費」です。

政治資金規正法は、1回のパーティーで同一の者が１５０万円超の対価を支払うこと、受け取ることを禁止しています。自見氏側も二階派側も法に抵触する疑いがありました。しかも二階派側には２００万円を受領したという記載がなく、ここでも政治資金規正法違反（不記載）の疑いが出てきました。二階派が裏金処理したのではないか……。

編集部の取材に自見事務所は文書でこう回答しました。「（志帥）会より政治資金パーティー券１００枚分の参加者を募ることを託されたが能《あた》わなかったことから、事後に相応の財政的支援をするために２００万円を寄付として収《原文ママ》めた」

二階派から、1枚2万円のパーティー券１００枚の販売ノルマを課されたものの、販売ができなかったため、１００枚分にあたる２００万円を寄付したというのです。

自見事務所の回答を見たデスクの山田は驚いて笹川に言いました。「現職閣僚が、派閥パーティーの販売ノルマをこんなに堂々と認めるとは思わなかった」

そもそもパーティー券代は、個々の参加者が支払うもの。なぜ自見事務所側が二階派側に〝財政的支援〟をする必要があるのか――。

不可解だったのは、こうした記載をしているのが、二階派所属議員のうち自見氏だけだったことです。

取材班の仮説

山田の報告を受けた編集長の山本は「自見氏は二階派所属の閣僚だが、もともと〝隠れ麻生派〟と言われ、二階派では浮いた存在のようだ」と話しました。

取材班は仮説を立てました。「二階派の暗黙の〝ルール〟を知らなかった自見氏が、派閥パーティーのノルマ分を〝表金〟として収支報告書に記載してしまったのではないか」

さらに23年11月24日付で総務省が公表した22年分の収支報告書を見ると、自見氏の資金管理団体が二階派のパーティーの「会費」とみられる194万円を支出していたこと、二階派側がそれを収入として記載していないことが判明しました。2年連続なので単純ミスとは考えられません。

こうしたケースでは、自見氏側か派閥側のどちらかが収支報告書を訂正せざるを得ません。〝王手飛車取り〟の状態でした。

自民党関係者は山本に語りました。「自見氏はパンドラの箱を開けてしまった。派閥のパーティー券販売にはノルマがあり、それができない場合は議員が自腹を切ることは公然の秘密だ。自見氏が政治資金規正法の上限150万円を超えて自腹を切っていることを公然と収支報告書に書いたことは、政界に衝撃を与えている」

メディアが後追い

日曜版は「自見万博相もパー券不正」（23年11月19日号）と報道。各メディアが後追いし、話題になりました。

同年11月18日、大きなニュースが飛び込んできました。東京地検特捜部が自民党5派閥の政治団体の担当者に任意の事情聴取を要請し聴取を進めているとＮＨＫが報道。それを皮切りにメディアがいっせいに派閥の不記載問題を報じ始めたのです。

山本は山田に言いました。「自民党派閥の記事が、ついに大化けしたね」

資料 2023年11月5日号

自民〝脱法〟パー券大口不記載、積もりに積もって4000万円

5派閥〝手口〟共通　党内で常態化

政治資金収支報告書の不記載2018～21年で94件／20万円超の大口購入者、複数議員に分散させ記載義務逃れ

政治資金パーティー券を20万円超購入した政治団体の名前を政治資金収支報告書に記載しなかった――。自民党の主要派閥（政治団体）による政治資金規正法違反（不記載）が新たに17件あることが編集部の調べで判明しました。これまで日曜版の指摘後に訂正した分を含め、主要5派閥の不記載は計94件、額面で計約4000万円（2018～21年分）に上ります。件数も金額も前代未聞の規模。違法は底なしです。

政治資金規正法は、1回のパーティーにつき20万1円以上の購入者を収支報告書に記載するよう義務づけています。政治資金の透明性を確保するためで、不記載には5年以下の禁錮または罰金100万円以下の罰則があります。

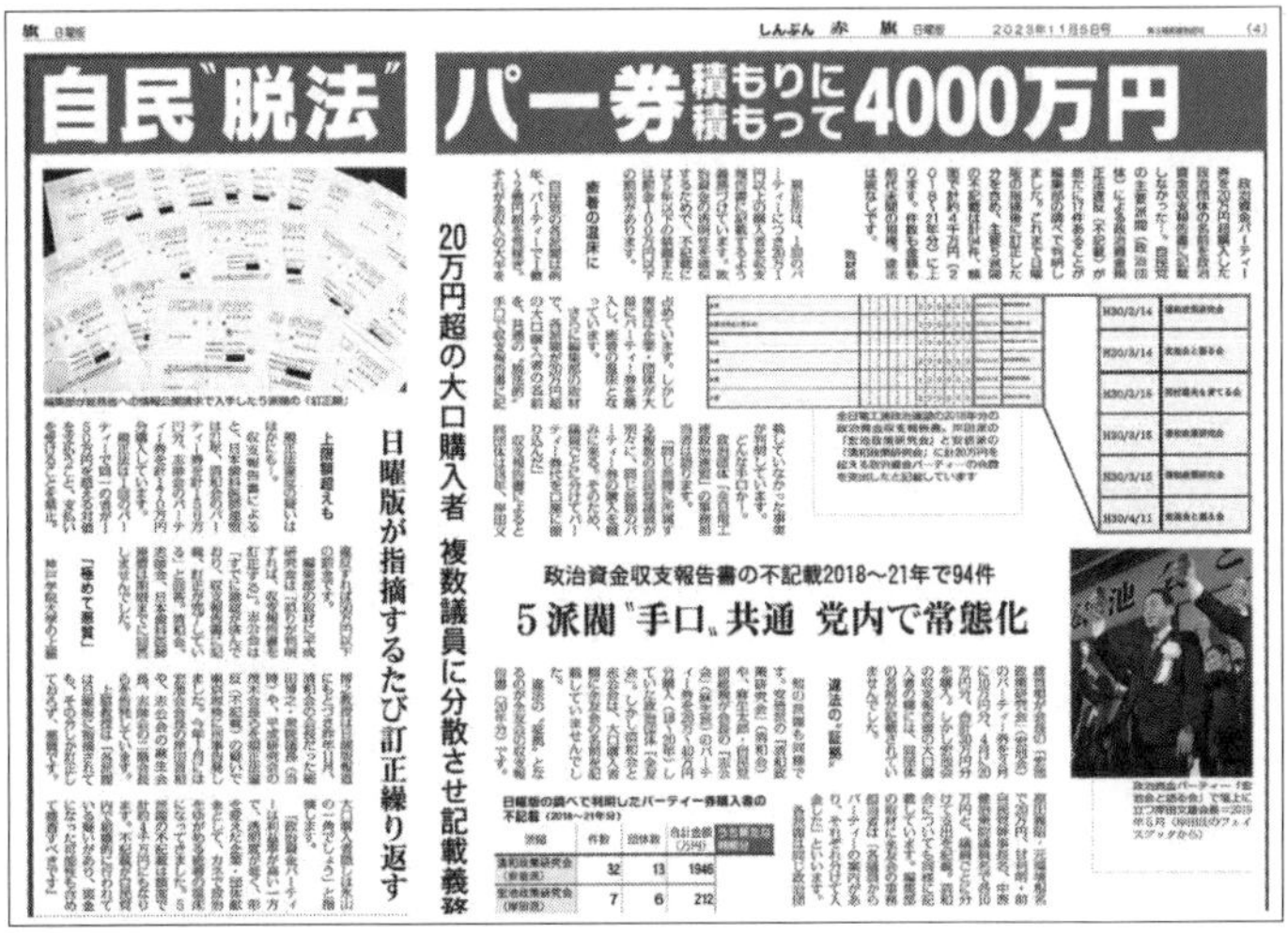
自民〝脱法〟パー券 積もりに積もって4000万円

20万円超の大口購入者 複数議員に分散させ記載義務

日曜版が指摘するたび訂正繰り返す

政治資金収支報告書の不記載2018～21年で94件

5派閥〝手口〟共通 党内で常態化

2023年11月5日号

癒着の温床に

自民党の各派閥は例年、パーティーで1億～2億円超を荒稼ぎ。それが全収入の大半を占めています。しかし実態は企業・団体が大量にパーティー券を購入し、癒着の温床となっています。

さらに編集部の取材で、各派閥が20万円超の大口購入者の名前を、共通の〝脱法的〟手口で収支報告書に記載していなかった事実が判明しています。

どんな手口か――。

政治団体「全日電工連政治連盟」の事務担当者は語ります。

「同じ派閥に所属する複数の自民党議員が別々に、同じ派閥のパーティー券の購入を頼みに来る。そのため、議員ごとに分けてパーティー券代を口座に振り込んだ」

収支報告書によると同団体は18年、岸田文雄首相が会長の「宏池政策研究会」（宏池会）のパーティー券を3月に10万円分、4月に20万円分、合計30万円分を購入。しかし宏池会の収支報告書の大口購入者の欄には、同団体の名前が記載されていませんでした。

違法の〝証拠〟

他の派閥も同様です。安倍派の「清和政策研究会」（清和会）や、麻生太郎・自民党副総裁が会長の「志公会」（麻生派）のパーティー券を26万～40万円分購入（18～20年）していた政治団体「全友会」。しかし清和会と志公会は、大口購入者欄に全友会の名前を記載していませんでした。

違法の〝証拠〟となるのが全友会の収支報告書（20年分）です。原田義昭・元環境相名で20万円、甘利明・前自民党幹事長名、中西健治・衆議院議員名で各10万円と、議員ごとに分けて支出を記載。清和会についても同様に記載しています。編集部の取材に全友会の事務担当者は「各議員からパーティーの案内があり、それぞれ分けて入金した」といいます。

各派閥は同じ政治団体が20万円超のパーティー券を買っても、派閥に所属する議員ごとに収入を分散して報告する〝脱法的〟手口で、大口購入者の名前を収支報告書に記載していなかったのです。

総務省「分割でも記載義務」

総務省自治行政局政治資金課は「分割でも一括でも、1回のパーティーで同一の者から20万1円以上の収入があれば、その金額などを記載する義務がある」と説明します。

編集部の調べで判明した5派閥の不記載は、18~21年までの4年間で計94件。派閥側の収支報告書に購入者として記載されていない政治団体は、のべ57に上ります。大口購入者欄に団体名が記載されていても、派閥側が購入金額を過少に記載していたケースが計約250万円分ありました。5派閥の不記載の総額は計3908万円と巨額。単なる記載ミスではなく、自民党全体で政治資金規正法違反が常態化している可能性があります。

このうち、今回新たに19~21年分の収支報告書に17件の不記載が判明しました。茂木敏充・自民党幹事長が会長の「平成研究会」(茂木派)が4件、麻生派の志公会が2件、二階俊博・元幹事長が会長の「志帥会」が11件でした。

新たに判明した分を含め、4年間で最も不記載が多かったのは、安倍派の清和会。計

32件、計1946万円分と突出しています。二階派の志帥会は計24件、計754万円分。茂木派の平成研究会は計19件、620万円分。麻生派の志公会は計12件、376万円分。岸田首相が会長の宏池会は計7件、計212万円分でした。

編集部は情報公開請求で、5派閥が総務省に提出した「訂正願」(18〜21年分)を入手。いずれも編集部が各派閥に質問書を送付した直後の22年10月28日〜12月1日付で提出され「訂正理由」欄には「記載もれ」などと記されています。その数は計25枚に上ります。

見つかった不記載は氷山の一角で、実際にはさらに多くの不記載があるとみられます。

上限額超えも

政治資金規正法違反の疑いはほかにも――。

収支報告書によると、日本歯科医師連盟は21年、清和会のパーティー券を計156万円分、志帥会のパーティー券を計170万円分購入しています。

政治資金規正法は1回のパーティーで同一の者が150万円を超える対価を支払うこと、支払いを受けることを禁止。違反すれば50万円以下の罰金です。

編集部の取材に平成研究会は「誤りが判明すれば、収支報告書を訂正する」。志公会は「すでに確認が済んでおり、収支報告書に記載、訂正が完了している」と回答。清和会、志帥会、日本歯科医師連盟は期限までに回答しませんでした。

「極めて悪質」

神戸学院大学の上脇博之教授は日曜版報道にもとづき22年11月、清和会の会長だった細田博之・衆議院議長（当時）や、平成研究会の茂木会長らを政治資金規正法違反（不記載）の疑いで東京地検に刑事告発しました。23年1月には宏池会会長の岸田首相や、志公会の麻生会長、志帥会の二階会長らを告発しています。

上脇教授は「各派閥は日曜版に指摘されても、その分しか訂正しておらず、悪質です。大口購入者隠しは氷山の一角でしょう」と指摘します。

「政治資金パーティーは利益率が高い一方で、透明度が低く、形を変えた企業・団体献金として、カネで政治をゆがめる癒着の温床になってきました。5派閥の不記載は額面で計約4000万円にもなります。不記載が自民党内で組織的に行われている疑いがあり、裏金になった可能性も含めて捜査すべきです」

資料 ２０２３年12月31日・24年1月7日合併号

「赤旗」の地道な努力、絶対に生かさねばと
自民派閥のパー券疑惑を告発　神戸学院大学教授　上脇博之さん

岸田政権・自民党を直撃し、大激震を与えている自民党派閥の政治資金パーティーの裏金疑惑。端緒となったのは、２０２２年11月の「赤旗」日曜版スクープとそれを受けた神戸学院大学教授の上脇博之さんの刑事告発でした。上脇さんに思いを聞きました。

日曜版（22年11月6日号）の記事は、自民党5派閥が20年までの3年間で、計約２５００万円分の収入を政治資金収支報告書に記載していなかった、政治資金規正法違反（不記載）の疑いを報じたものでした。

政治資金規正法はパーティー1回につき、20万円を超えるパーティー券を買った大口購入者の名前や金額を収支報告書に記載するよう義務づけています。しかし岸田文雄首相が会長だった「宏池政策研究会」（岸田派）など自民党の主要5派閥は、大口購入者の名前を収支報告書に記載していませんでした。

購入側を調査

編集部は全国の政治団体の収支報告書を調査。20万円超のパーティー券代を派閥側に支払ったと記載しているものを見つけ、派閥側の収支報告書と照合し、不記載を見つけていきました。

「22年10月ごろ日曜版から取材を受けました。〝よく調べた〟と本当に驚きました。派閥の収支報告書の方は誰もが調べますが、それとは逆の、購入した政治団体から調べるのは簡単なことではないので普通はやりません。政治団体は全国で5万を超えます。そもそもどこの政治団体が派閥のパーティー券を購入しているかは調べてみないとわからない。それなのに、この団体が購入しているのではないかと予想し、団体側の支出の記載と派閥側の収入の記載を突き合わせて、不記載を明らかにしていく。私も収支報告書を調査していますが、気が遠くなるような地道な作業です。収支報告書の調査の大変さを知っているだけに、本当に頭が下が

自民派閥のパー券疑惑を告発
神戸学院大学教授 上脇博之さん
「赤旗」の地道な努力に感服
絶対に生かさなければと

日曜版の記事についてコメントした当時を振り返る上脇博之教授＝「赤旗」日曜版2023年12月31日・24年1月7日合併号

りました」

編集部はスクープ後も政治団体の収支報告書を調査。5派閥の不記載は21年までの4年間で計約4000万円にのぼると報じました（日曜版23年11月5日号）。

日曜版の指摘受け訂正　罪の自白に等しいもの

一方、派閥側は、日曜版に指摘された分だけ、大口購入者として収支報告書に書き加えるという訂正を繰り返しました。

上脇さんは22年11月以降、日曜版報道に独自の調査を加え、岸田派会長（当時）の岸田首相や安倍派の会計責任者、「平成研究会」（茂木派）会長の茂木敏充・自民党幹事長、「志公会」（麻生派）の麻生太郎会長、「志帥会」の二階俊博会長らを政治資金規正法違反の疑いで東京地検に告発しました。日曜版の指摘を受け派閥側が訂正するたびに追加で告発。これまでに提出した告発状は10を超えます。

「日曜版の記者が地道な調査をし、これだけ重大な問題が判明しました。これを絶対に生かさなければと思いました。そもそも自民党派閥の不記載の手口は組織的で極めて悪質でした。大口購入者の名前を、何年間も見落とすことなどあり得ません。不記載の数が一つや二つなら単純ミスという言い訳も通用するかもしれません。しかし5派閥に複数年にわたり大量に不記載がある。自民党内に違法行為がまん延しているとしか思えませんでした。日曜版の指摘を受けた派閥側は、〝訂正すれば問題ない〟とばかりに訂正しました。しかしその訂正は、私にとっては〝罪の自白〟です。しかも自ら調べてすべてを訂正するのではなく、日曜版の指摘を受けた分だけ訂正する。悪質性を示すもので、私はその都度、告発しました。告発状を書くには再度、金額などをチェックする必要があります。そのため比較的時間のある22年末から年明けにかけて告発状を書きました。告発状には〝裏金になっている可能性を含めて捜査すべきだ〟と書きました。その指摘が的中し、よかったと思っています」

検察の動き追うだけではない報道こそ必要

大手メディアは当初、「赤旗」日曜版が報じた、自民党5派閥の政治資金パーティーをめぐる政治資金収支報告書への不記載の問題を大きく取り上げませんでした。メディアが報じ始めたのは、東京地検特捜部の捜査の動きが出てからです。

「2022年11月に私が安倍派（清和政策研究会）の不記載を告発した時、一部メディアは報道しましたが、その後に告発状を提出しても報道は減っていきました。メディアには『検察が動かないものを記事にしても仕方がない』という意識があったからかもしれません。検察が動くから報じる、動かないと報じない。そんな報道の在り方でいいのでしょうか。メディアが大きく報じるようになった後、ある記者は私に反省を込めて『本来であれば私たちが調査をし、報道しなければいけない問題だった』と振り返っていました」

キックバック　記載していても問題

自民党の派閥は、所属議員の当選回数や閣僚経験などによってパーティー券の販売枚数のノルマを決めていました。ノルマを超えて売った分は、派閥が所属議員にキックバック（還流）する仕組みでした。安倍派はキックバック分の収支を収支報告書に記載せず、裏金化していた疑いが出ています。

「収支報告書に記載せず裏金処理をしていれば当然、政治資金規正法違反（不記載）です。メディアは、キックバック分を収支報告書に記載していれば問題はないと報じています。しかし記載していればいいとは思いません。そもそもパーティーは、100％収入となる寄付とは違い、飲食などの『対価』があることが大前提です。キックバックがあると、ノルマを超えて売った分はすべて自分のお金になります。これでは『対価性』がなく、議員にとっては100％収入となる寄付と同じです」

裏金処理に二つのパターン

上脇さんは、ノルマ超過分の裏金処理には2種類ある、と指摘します。①ノルマ超過分を派閥に〝上納〟し、裏金としてキックバックしてもらっていた②ノルマ超過分はそもそも派閥に〝上納〟せず、議員本人が〝持ち逃げ〟して裏金化していた――の2パターンです。

「メディアは、裏金処理されたキックバックの額が5年間で数百万円だった、1000万円だった、5000万円だったと争って報じています。どの議員が立件されるかに注目しているからでしょう。しかし、キックバックが少ない議員の中には、そもそも〝上納〟せず、多額のカネを〝持ち逃げ〟した人がいるかもしれない。裏金が何に使われたのかも解明すべき重要な問題です。裏金が選挙での〝買収〟などに使われ、選挙がゆがめられたとすれば重大です。これらの問題も含めてパーティー不正の〝闇〟を明らかにする必要があります。検察の動きを追うだけでなく、裏金づくりに利用された政治資金パーティーそのものを問題視する深い視点からの報道が必要です」

「日曜版の記者は、これまでも自民党のパーティーに〝対価性〟がないこと、企業・団体献金の〝抜け道〟になっていることを粘り強く報じてきました。22年末、パーティーの収支を過少に記載したとして薗浦健太郎・元首相補佐官（自民党離党、衆議院議員辞職）が政治資金規正法違反の罪で略式起訴されました。この薗浦氏の疑惑をスクープしたのも日曜版でした。パーティーについての一貫した視点があったからこそ、今回のスクープに結びついたと思います」

「政治改革」の失敗明らか

リクルート事件や佐川急便事件など、金権腐敗政治が国政で大問題になりました。1994年には「政治改革」と称して企業・団体によるパーティー券購入を認めた政治資金規正法改定が行われました。

「94年の『政治改革』で小選挙区制（衆議院）と政党助成金制度が導入されました。〝政治に金がかからなくなり、金権腐敗はなくなる〟というのが、うたい文句でした。しかし今回の問題を見てもわかるように、『政治改革』の失敗は明らかです。小選挙区制と政党助成金制度はやめるべきです」

「政治とカネ」の問題を断ち切るにはどうすればいいのか――。

「自民党はこれまで『政治とカネ』の問題が起きても議員個人の責任にし、党として対応してきませんでした。自民党に自浄能力を発揮する力はありません。不正の温床となっている政治資金パーティーは禁止し、癒着の元凶となっている企業・団体献金を禁止すべきです。『政治とカネ』の問題を報じてきた『赤旗』日曜版には、これからも鋭い視点と着眼点での報道を期待しています」

9　国会議員団との連携プレー

日曜版がスクープした自民党主要5派閥の政治資金パーティー収入の不記載問題で新たな動きがあったのが、２０２３年11月18日。東京地検特捜部が自民党の派閥関係者を任意聴取している、とＮＨＫが報じました。

ところが、自民党は「本件は捜査機関の活動内容に関わるものですので、コメントは差し控えたいと思います」（梶山弘志幹事長代行、同年11月21日の会見）と説明責任を果たそうとしません。大手メディアが同党本部での会見などで突っ込んだ質問をすることもありませんでした。

「桜を見る会」疑惑でも力発揮

岸田政権、自民党がダンマリを決め込むなか、国会で岸田文雄首相などに直接、質問をぶつけ、問題の重大性を国民に明らかにしたのが日本共産党国会議員団でした。「桜を見る会」疑惑でも、田村智子副委員長（当時。現委員長）が日曜版のスクープを国会で取り上げ、安倍晋三首相（当時）を追及しました。その質問動画がネットで反響を呼び、拡散したことで話題になり、テレビのワイドショーが報道。大手メディアも追随し、国政の重大課題に発展した経緯があります。

裏金問題でも「赤旗」と共産党国会議員団との連携プレーが、自民党の弁明を突き崩し、国民に事態の重大性を伝える上で大きな役割を果たしました。

他党に先駆け参議院本会議（23年11月20日）でこの問題をとりあげたのが岩渕友議員。「長年にわたりパーティー券収入の虚偽記載で巨額の『裏金』づくりが行われていたのではないかという重大疑惑だ。自民党総裁である岸田首相の責任で徹底調査し、国民と国会に明らかにすべきだ」と迫りました。

「単純ミス」との弁明崩す

この時期、各メディアの取材攻勢を受けた自民党の各派閥が、いっせいに釈明を始めました。記載義務のある20万円超の大口購入者を不記載にしていた〝理由〟としてあげたのが、同一の企業や団体に複数の議員がパーティー券を販売していたこと。「同じ団体からの収入を足し合わせる〝名寄せ〟ができていなかった」「すでに訂正済みだ」と口をそろえ単純ミスと弁明しました。

日曜版記者の笹川神由はデスクの山田健介にいいました。「『名寄せ』が不記載の原因という説明はウソです。1回で20万円超のパーティー券代を支払っている団体名を不記載にしているケースは主要5派閥すべてにあります」

日曜版が取材した政治団体の担当者らは、各派閥から、パーティー券をどれだけ購入したかの確認があったと証言していました。

23年11月24日の衆議院予算委員会。日本共産党の宮本徹議員（当時）は日曜版の取材調査を示しながら「パーティー券の購入金額を確認しながら不記載にしたのは不可解。意図的な不記載としか考えられない」と自民党の弁明を事実で突き崩しました。

共産党国会議員団と連携できることは、「赤旗」の大きな強み。赤旗の記事や取材が国会質問に使われることもあれば、党議員の国会質問が取材や記事につながることもあります。

「桜を見る会」の問題は当初、宮本氏が膨張する費用の増加を問題視して質問していたことが、日曜版の初動の際の問題意識になりました。

裏金づくりの疑い追及

23年11月28日の参議院予算委員会。質問に立った田村智子議員（当時）は、大口購入者の不記載について日曜版が派閥側に指摘した日付と、派閥側が政治資金収支報告書を訂正した日付の一覧表（次ページ図）を示し「『赤旗』の指摘直後に訂正したのが一目瞭然だ。表に出なければ隠すつもりだったのか」と岸田首相に迫りました。

田村氏は、日曜版の報道はあくまでも政治団体の政治資金収支報告書を調べて判明したものであり、収支報告書の提出義務がない企業によるパーティー券購入分はわからないと指摘。「企業分を含め、パーティー券収入の全体の調査を指示したのか」「収入を少なく記載して裏金になっているとの指摘もある。調査もせずなぜ裏金がないと言えるのか」と迫りました。

岸田首相は「指摘を受け、訂正した範囲内で裏金はない。各政治団体が説明してもらいたい」とまともに答えられませんでした。

日曜版は、田村氏の国会質問と合わせて、これまで政治団体関係者に聞き取った派閥側とのやりとりなどをまとめて「自民派閥パー券不正／岸田首相言い分はウソ／複数の政治団体が証言／総額すりあわせ」（23年12月3日号。90ページ資料）と報じました。共産党国会議員団と「赤旗」の連携プレーの大きな成果です。

政治資金収支報告書の不記載を日曜版が指摘した日と派閥側の訂正日

	日曜版が指摘した日		派閥が訂正した日
宏池政策研究会（岸田派）	2022年10月27日	→	10月28日
	11月7日	→	11月7日
清和政策研究会（安倍派）	22年6月13日		
	10月27日	→	11月8日
	11月7日		
	11月14日	→	11月15日
平成研究会（茂木派）	22年10月27日	→	11月28日
	11月7日		
	23年10月25日	→	10月31日
志公会（麻生派）	22年6月13日	→	11月1日
	10月27日	→	11月1日
	11月7日	→	11月8日
志帥会（二階派）	22年10月27日	→	11月1日
	11月7日	→	11月9日
	23年10月25日	→	11月22日
	11月13日	→	24年1月18日

※2017～21年分

大手メディアも裏金報道

23年12月1日、事態が大きく動きました。

同日付の朝日新聞朝刊1面トップに、「安倍派、裏金1億円超か／パー券不記載、立件視野／ノルマ超分、議員に還流／東京地検特捜部」という見出しが躍ったのです。

記事は、安倍派が、パーティー券の販売ノルマを超えて所属議員が集めた分の収入を収支報告書に記載せず裏金として議員にキックバック（還流）する運用を組織的に続けてきた疑いを指摘するものでした。朝日新聞のスクープを機に、大手メディアがいっせいに〝裏金〟についての報道を始めました。

「うちも負けていられない」と編集長の山本豊彦は、自民党関係者と会いました。その取材が、新たな重大証言を編集部にもたらすことになります。

資料 ２０２３年12月３日号

自民派閥パー券不正　岸田首相言い分はウソ
複数の政治団体が証言

記載が義務付けられている収入４０００万円（２０１８～21年）を自民党の主要５派閥が記載していなかった――。派閥の政治資金パーティーをめぐる日曜版スクープが岸田政権と自民党を直撃しています。世論調査でも「説明不十分」が85％です。

政治資金規正法は、１回につき20万円超のパーティー券購入者の名前と金額を政治資金収支報告書に記載するよう義務づけています。

派閥「宏池政策研究会」の会長を務める岸田文雄首相。〝複数の議員が派閥のパーティー券の購入を政治団体に依頼し、その総額が20万円を超えたため団体名の記載漏れが生じていた〟と国会で弁明しました。しかし……。

「20万円超の購入であることを派閥に報告していた」。派閥が不記載にしていた複数の政治団体の担当者が編集部の取材に衝撃的な証言をしました。派閥が意図的に記載しなかったことを裏付ける〝決定的証拠〟です。

しんぶん赤旗 日曜版
2023年 12月3日
自民 派閥パー券不正
岸田首相 言い分はウソ
複数の政治団体が証言 総額すりあわせ
各議員の販売額を合計していなかった〝事務的ミス〟
新たなスクープ
毎回、収支報告書をつくる時、各派閥から確認の電話がくる。金額は両方で合わせている
12月に会計処理する時に領収書をお願いしており派閥はわかっていると思っていた
収支報告の時期に派閥から「（振り込みを）分けているけど総額で報告していいですか」など確認がくる
20万円超購入の政治団体
自民党全体が問われている
ジャーナリスト
鈴木哲夫さん
85%

2023年12月3日号

派閥の収入の約8割を占めるパーティー。政治団体の不記載が4000万円ある一方、企業・団体の不記載がゼロというのは不可思議です。〝闇〟の本丸は企業部分です。

日本共産党の田村智子副委員長は述べました。「パーティー券購入を含め、企業・団体献金を全面的に禁止するための法案を提出する。国民の政治への信頼を取り戻

すために全力をあげる」（23年11月28日、参議院予算委員会）

購入団体「毎年電話で総額確認」

「〝単純ミス〟なんかじゃない。政治資金収支報告書をつくる際、政治団体と派閥は齟《そ》齬《ご》が出ないように、パーティー券購入額について確認しているからだ。〝確信犯〟だよ」。自民党関係者は明かします。

政治団体「日本養豚振興政治連盟」。派閥パーティー券購入費として18年に志帥会（二階派）に2回に分けて計30万円、宏池政策研究会（岸田派、宏池会）に2回に分けて計40万円を支出。19年にも志帥会に3回に分けて計30万円、宏池会に2回に分けて計40万円、清和政策研究会（安倍派、清和会）3回に分けて計22万円を支出。20年、21年にも宏池会に2回に分け各40万円を支出しています。

同連盟の事務担当者は語ります。

「毎年、収支報告書を作成する時期、派閥側からパーティー券の購入金額について確認の電話がかかってくる。こちらが派閥のパーティー券を何万円分購入したか、確認するためだ。宏池会、清和会、志帥会から確認の電話があった。派閥側は当然、購入金額を知っていたはずだ」

しかし志帥会、清和会は20万円超の大口購入者として同連盟を不記載に。一方、宏池会は記載していました。

1回のパーティーで20万円超のパーティー券を購入してもらっていたにもかかわらず、清和会や平成研究会（茂木派）が大口購入者として記載していなかった「整形外科医政協議会」。同会の担当者は証言します。

「宏池会、清和会、平成研の各事務局から、それぞれのパーティー券の購入金額を確認する電話があった。『複数回に分けてパーティー券を購入してもらっているが、収支報告書には総額を記載しても良いか』といわれ、『いいですよ』と返事した。当然、記載されていると思っていた」

平成研が18、19年に各30万円、志帥会も40万円（18年）購入してもらっていたにもかかわらず不記載にしていた「全国介護福祉政治連盟」。同連盟の担当者も……。

「派閥のパーティー券代を議員ごとに分けて口座に振り込む場合、あとで領収書を送ってもらうよう派閥事務局にお願いしている。こちらが会計処理をする際に必要だからだ。平成研事務局に領収書の発行をお願いし、送ってもらったことがある。派閥には領収書の控えがあるため、購入額は把握しているはずだ」

1回で20万円超えても不記載

複数回でなく1回で20万円超のパーティー券を購入した団体の名前が記載されていな

いケースも――。

渡辺孝一・総務副大臣（自民党）の関連政治団体「孝歯会」の収支報告書（18年分）。同年4月10日付で「宏池会と語る会会費」として40万円を支出しています。しかし宏池会の18年分の収支報告書の大口購入者の欄に記載されていませんでした。これでは「販売した金額を合計する名寄せをしていなかった事務的ミス」との弁明は通用しません。

清和会のパーティー券を20万円超購入していた「日販協政治連盟」の収支報告書（18～20年分）。複数回に分けて清和会に支出しているなかに、1回で40万円を支出したとの記載がありました。

同連盟の担当者は「清和会の複数の議員からパーティー券の購入依頼があった。40万円は山谷えり子参議院議員の求めに応じたものだ」と回答。しかし清和会は、大口購入者として同連盟を記載していません。

編集部の調べによると、1回で20万円超のパーティー券を購入した団体の名前を記載していなかったケースは5派閥すべてにありました。

10 「麻生派も裏金」スクープ

「安倍派、裏金1億円超か」（朝日新聞2023年12月1日付）「二階派も不記載、1億円超か／東京地検、立件視野／パー券収入」（同3日付）との報道は、政界に大きな衝撃を与えました。他のメディアも追いかけました。日曜版のスクープ（22年11月6日号）から約1年。ついに自民党派閥の政治資金パーティーをめぐる裏金疑惑が岸田政権を揺るがす大問題に発展しました。

東京地検特捜部が捜査に入る段階になると、当局に食い込んで情報をつかんだ大手メディアの〝前打ちスクープ〟合戦が始まります。

「現金が入った茶封筒を渡した」

日曜版は東京地検を担当する司法記者クラブに入っておらず、当局取材ができません。

しかし編集長の山本豊彦は、「うちも負けていられない」と自民党関係者のもとを訪れ、新たな独自情報を得ました。

自民党関係者はこう証言します。

「志公会（麻生派）の前身の為公会では、所属議員がノルマを超えて販売したパーティー券のキックバック（還流）分は裏金で渡していた」「派閥の例会の前に、名前を呼ばれた議員が別室に入ると、派閥幹部がキックバック分の現金が入った茶封筒を手渡した」

証言は具体的で衝撃的でした。この情報をもとに取材班は、志公会と為公会の政治資金収支報告書を比較しました。すると――。

為公会と山東派（番町政策研究所）などが合流して17年7月にできた志公会。18年は、合流前の両派よりパーティー収入が1億円以上増額（次ページ図）。議員側への寄付も増えました。麻生派側はパーティー開催から少し後の同じ日付で、所属議員らにまちまちの金額を寄付したことを収支報告書に記載していました。これがキックバックである可能性は濃厚です。

山本の指示で、4人の記者が確認にあたることになりました。

担当デスクの山田健介と記者の笹川神由に加え、政治全般や統一協会の取材などを担当している副編集長の田中倫夫、沖縄の米軍基地問題の取材などを担うことの多い記者の前田泰孝が確認取材にあたりました。

22年の麻生派・志公会の収支報告書をみると、同じ日付で所属議員側に2万円から998万円とまちまちの金額を寄付していました。

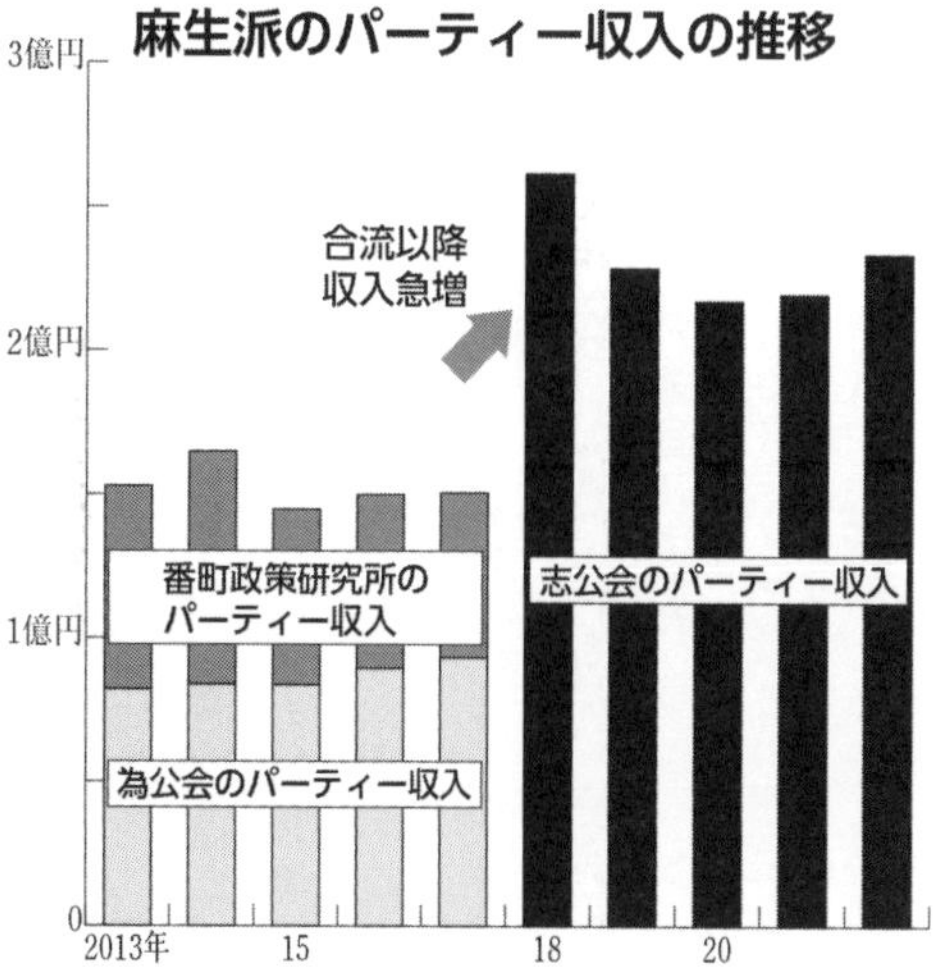

4人の記者は議員側に、これらの支出がキックバックなのか尋ねる質問状を送りました。

安倍派、二階派の裏金が大きな問題となり、多くの議員事務所が日曜版の取材を警戒しました。「担当者が不在で……」などと回答を渋るなか、ある議員事務所が「記載は派閥のパーティーのノルマを超えた分を志公会から寄付されたものだ」と認めました。

他方、志公会の前身である為公会の17年

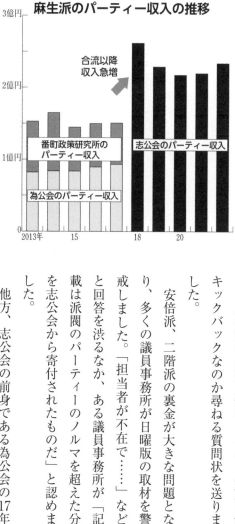

以前の収支報告書には、派閥側、議員側ともにこうした寄付の記載はまったくありません。自民党閣僚経験者が山本に語ったように、17年以前はパーティーの収入やキックバックを裏金として処理していた疑いが濃厚です。

日曜版は1面から「スクープ麻生派も裏金／『現金詰まった茶封筒渡された』／証言『派閥例会でキックバック』／自民パー券不正　安倍派、二階派だけじゃない」（23年12月10日号。100ページ資料）と報じました。

大手メディア後追いせず

ところが、大手メディアはこの報道をまったく後追いしませんでした。ある在京紙記者は山田に「安倍派や二階派と違って当局がやらない案件は、うちは報じにくいんですよね……」と打ち明けました。

裏金づくりの不記載には、安倍派・二階派など自民党国会議員の4人に1人が手を染めていました。ここに麻生派所属の55人（当時）前後が加われば、裏金に手を染めていた国会議員は自民党の4割近くになります。裏金づくりが、自民党の組織的犯罪であることを示しています。

そもそも、自民党派閥の政治資金パーティーをめぐる裏金づくりがどのように始まり、続けられてきたのか。そうした実態の解明は、特捜部の捜査だけに任せることではありません。ところが大半の大手メディアは、特捜部の捜査という〝後ろ盾〟がある範囲でしか報道しません。だから時効の関係で特捜部が捜査の対象から外している麻生派については報じません。メディアの上層部は、独自に報じた場合のリスクを負いたくないのです。このような姿勢では事実の解明は困難です。

日曜版が報じた麻生派の裏金疑惑については、のちに『週刊文春』が報道。「麻生太郎副総裁の嘘を暴く／裏金問題に元閣僚が実名告白」（24年6月6日号）。記事では日曜版報道にも触れています。

「昨年十二月には『しんぶん赤旗日曜版』が、麻生派でも、一七年までは各議員のノルマを超えた分のキックバック（還付金）は収支報告書に記載されず、裏金処理されていたという疑惑を報じていた。つまり、安倍派などと同様の構図があったと。一八年以降は基本的には記載する方針になり、公訴時効の五年も経過しており、立件されなかったとされる」

その上で『文春』は、為公会時代から麻生派に所属し、政界を引退していた原田義昭元環境相に独自取材し、事実上、キックバックが〝裏金化〟されていたことを認める証言を引き出しています。

大手紙も動きました。24年9月2日付毎日新聞は〝薗浦健太郎元衆議院議員の元秘書が、麻生派のパーティー収入から17年に分配された380万円を事務所の裏口座に入れた、と供述していたことが刑事確定記録から判明した〟とスクープ。日曜版の報道が裏付けられました。

岸田政権は、役職についていた安倍派議員をいっせいに交代。その後釜には麻生派の議員も。17年までは茶封筒で裏金を受け取っていた議員が黙って役職を引き継ぐような自民党に本気で事件を解明できるわけがありません。

取材班はその後も、麻生派が17年まで裏金づくりをしていた証拠に肉薄していきます。

資料 2023年12月10日号
スクープ　自民パー券不正　麻生派も裏金

日曜版スクープがついに、自民党の主要派閥の政治資金パーティーの〝裏金〟疑惑に発展しました。

自民党最大派閥の安倍派（清和政策研究会）。所属議員がノルマを超えて販売したパーティー券収入を政治資金収支報告書に記載せず〝裏金〟処理。議員にキックバックした際も収支報告書に記載しておらず政治資金規正法違反（不記載・虚偽記入）の疑いが浮上しています。キックバックの〝裏金〟は5年間で1億円超です。

二階派（志帥会）も所属議員がノルマを超えて販売したパーティー券収入を収支報告書に記載していなかった疑いが浮上。5年間で1億円超です。さらに――。

しんぶん赤旗 日曜版 2023年12月10日

麻生派も裏金

「現金詰まった茶封筒渡された」

スクープ

証言「派閥例会でキックバック」

志公会と語る夕べ

自民パー券不正 安倍派、二階派だけじゃない

不正の温床 パー券購入禁止に

日本共産党が参院に法案提出

2023年12月10日号

麻生派（志公会）の関係者が明かします。

「志公会の前身の為公会では、所属議員がノルマを超えて販売したパーティー券のキックバックは〝裏金〟で渡していた」「派閥の例会の前に、名前を呼ばれた議員が別室に入ると、派閥幹部が、キックバック分の現金が入った茶封筒を手渡した」

〝裏金〟処理が派閥ぐるみで行わ

れていたことを裏付ける決定的証言。現党副総裁の麻生太郎氏が代表の為公会の収支報告書（17年分）には所属議員へのキックバックとみられる記載はありません。

企業・団体献金の抜け穴で、〝裏金〟をはじめ不正の温床となっている政治資金パーティー。日本共産党国会議員団は23年12月5日、政治資金パーティー収入も含めた企業・団体献金全面禁止の改正案を参議院に提出しました。

関係者証言「売れば売るだけ自分に入る」

「政治資金パーティーができなくなったら、自民党は干上がってしまう。『赤旗』の連続スクープは本当に痛い」。自民党閣僚経験者は語ります。

2020年分の政治資金収支報告書。派閥の収入の8割がパーティー収入です。編集部の取材で判明した、志公会（麻生派）の前身、為公会の政治資金パーティーをめぐる〝裏金〟疑惑。ここでも疑惑の焦点となっているのは「キックバック」です。

派閥では所属議員に、当選回数や閣僚経験などによりパーティー券販売枚数のノルマがあります。ノルマを超えて販売した分を派閥から議員側に還流させるのがキックバック。自民党関係者が語ります。

「派閥のパーティーは、派閥が会場も飲食も用意するので議員は経費を出さなくていい。議員はパーティー券を売れば売るだけ自分のふところに入ってくる。派閥の看板だから売りやすい。自分ではパーティーを開かず、派閥のパーティーで荒稼ぎしている人もいる」

事前に枚数確認

志公会の18年以降の収支報告書をみると、同じ日付に寄付として支出しながら、議員によって金額がまちまち。22年分では2万円から998万円と通常の寄付ではありえない端数があります。

編集部が取材すると、支出を受けた議員の一人が「派閥のパーティーのノルマを超えた分を志公会から寄付されたものだ」と認めました。ところが――。

志公会の前身で、麻生太郎氏（現党副総裁）が代表を務め、鈴木俊一財務相が副会長（当時）だった為公会の17年以前の収支報告書。同じ日付の寄付で、所属議員によって金額がまちまちというケースは見当たりません。

関係者の証言や収支報告書の変化から、志公会の前身の為公会はキックバックの収支を派閥側、議員側ともに不記載にしていた疑いが濃厚です。

「麻生派では、最初からキックバック分を入れてパーティー券を印刷していた」と関係者が明かします。

「印刷前に派閥から所属議員あてに、ノルマ分のほかに何枚の券が必要か問い合わせてくる。議員側はノルマ分プラス１００枚などと派閥に伝える。そういう仕組みでやっているのだから組織的以外ありえない」

安倍派の〝通達〟

金もうけそのもののキックバック。それを派閥がシステムとしてやっていたことを裏付ける別の証言も。安倍派関係者が語ります。

「今年（23年）の派閥の政治資金パーティー開催前に安倍派は〝販売ノルマを超過した分のマージンを今年は戻さない〟という旨の通達を所属議員に出した」

23年5月16日に行われた政治資金パーティー「清和政策研究会との懇親の集い」。通達が出されたのは、開催前の派閥の例会でした。

日本共産党の小池晃書記局長は会見（23年12月4日）で指摘しました。「自民党ぐるみでパーティー券収入のキックバック、裏金づくりが行われていたという疑惑だ。自民党総裁である岸田文雄首相が責任をもって調査し、十分な説明を行うことが必要だ」

派閥議員に不記載判明　元国交副大臣と元防衛相

政治資金収支報告書にキックバックを記載したとみられる志公会。志公会から議員側へのキックバックとみられる寄付支出が記される一方、収入を不記載にしている議員が複数いることが編集部の取材でわかりました。

元国土交通副大臣の塚田一郎衆議院議員。代表を務める資金管理団体「十一会」が22年、志公会からの寄付計348万円を記載していませんでした。

元防衛相の岩屋毅衆議院議員。資金管理団体「新時代政経研究会」は志公会からの寄付計200万円（22年分）、計300万円（21年分）を合わせた500万円の収入を収支報告書に記載していませんでした。

塚田氏は「指摘を受けて訂正手続きをした」と回答。岩屋氏は期限までに回答しませんでした。

派閥トップの関与なしにできない　神戸学院大学教授　上脇博之さん

昨年（22年）11月に日曜版が5派閥のパーティー収入不記載をスクープした際、私は「パーティー券の売り上げ総額を過少にして裏金をつくっているのではないか」とコメントしました。その指摘が的中しました。

裏金づくりや、派閥のノルマを超えて売ったパーティー券のキックバックは、事務方だけでやれることではありません。派閥トップなど国会議員の関与なしにはできません。

派閥ぐるみ

麻生派の会合で幹部がキックバックを裏金で議員に渡していたことや、安倍派の会合で「今年（23年）はキックバックしない」と伝えていたことが日曜版の取材で判明したのは重大です。派閥ぐるみ、自民党ぐるみの組織的行為であることを示すものだからです。

ノルマ超過分を派閥が議員にキックバックした際、収支報告書に記載されていない、いわゆる裏金は当然、政治資金規正法違反です。

キックバック自体が大問題

一方で大手メディアは、キックバックがあっても収支報告書に記載していれば問題なしとしています。しかし政治資金パーティーは対価性があることが大前提。この点から見るとおおいに疑問です。

形式的には派閥にパーティー券売り上げのお金が入り、その売り上げから派閥が議員に寄付をしているように見えます。

しかし派閥にキックバックの仕組みがあれば、その所属議員は企業などからお金を集めれば集めただけ、自分への寄付が増えることになります。

なぜなら議員自身は派閥パーティーの経費を払っていません。パーティー券をノルマ以上に売れれば、その分がそのまま自分のもうけになることを承知で、パーティー券を販売しているからです。

これでは売る側の議員にはまったく対価性がない。パーティーの体をなしておらず、単なる金もうけです。このようなカネ集めを認めて良いのかという大問題です。

そもそも政党助成制度は腐敗の温床である企業・団体献金をなくすという口実で導入されました。しかし政党支部が企業・団体献金を受けられるという仕組みは温存されました。

もう一つは政治資金パーティー。パーティー券の大半を企業・団体が大量に買っているのが実態で、形を変えた企業・団体献金になっています。裏金づくりなど不正の温床にもなっています。

政党助成法を廃止し、パーティー券購入を含む企業・団体献金を全面禁止するなど徹底した改革が必要です。

11　自民党政治刷新本部座長の法務大臣も疑惑まみれ

派閥の裏金事件を受け自民党は、政治資金収支報告書への不記載の有無と金額に関する「全議員調査」を実施。２０１８～22年の５年間に安倍派や二階派所属の85人の国会議員らが計約５億８０００万円を収支報告書に記載していなかったと公表（24年２月13日）しました。

この調査から漏れた〝裏金議員〟を初めて明らかにしたメディアが「赤旗」日曜版でした。日曜版デスクの山田健介は、主要５派閥のうち、新たな裏金議員を見つけるならそれは麻生派だと考えました。

裏金処理やめたのに記載せず

麻生派の17年までの収支報告書には政治資金パーティー券の販売ノルマ超過分のキック

バック（還流）とみられる記載はありませんでした。それが18年以降、急に現れます。それに合わせるように、麻生派の所属議員は18年以降こぞって、収支報告書にキックバックとみられる寄付収入の記載を始めました。

麻生派では17年までキックバックを裏金処理し、18年から収支報告書に記載するよう〝方針転換〟した疑いがあります。

しんぶん赤旗 日曜版
2024年3月3日
新たに発覚 裏金議員
スクープ
井上元万博担当相 458万円還流 不記載 報告しなかった
〝透明化〟ってどの口が?!
今度は麻生派 自民調査にウソ回答

2024年3月3日号

山田は「麻生派の所属議員は50人規模。その中には、18年の〝方針転換〟に対応せず、うっかり従来通り裏金処理してしまう事務所があるのではないか」との仮説を立てました。

麻生派所属の国会議員の18年分の収入を調べると、現・元国会議員の数人が当初、キックバックを不記載にし、裏金処理していました。その後、自ら寄付を追記したり、繰越金の額を変更するなどの訂正をしています。

そのなかで、元万博担当相、井上信治衆議院議員（東京25区）は同じ18年、派閥からのキックバックとみられる458万円を収支報告書に記載せず裏金処理したままだということがわかりました。

井上氏は19年以降、キックバックとみられる派閥からの寄付を資金管理団体の収支報告書に記載しています。19年は380万円、20年は312万円、21年は910万円、22年は794万円。キックバックとみられる寄付の合計は18年からの5年間で計2854万円と高額です。

「自分でパーティーを開かない代わりに……」

自民党関係者は編集長の山本豊彦に「井上氏は近年、自分でパーティーを開かない代わりに派閥のパーティー券を大量に売っていたと聞いている」と証言しました。

井上事務所は編集部の取材に「当時の担当者が退職しており、現在照会中」と回答。その後、井上氏は、「（18年は）担当者が代わり、事務作業に慣れておらず、井上個人からの寄付として収支報告書に計上していたことがわかりましたので、適切に対応いたします」

とのコメントをブログなどに投稿しました。それならば、17年以前はどうだったのか――。テレビ討論などで問われても、井上氏はいっさい説明していません。

井上氏は志公会が結成された17年7月から同会の事務局長代理を務め、21年11月からは事務局長を務めています。麻生派の組織的なキックバックの仕組みや、18年以降に収支を記載して表金化した経緯について当然、知る立場にあります。

裏金事件を受け、政治資金規正法の「改正」案を国会に提出した自民党。同案をとりまとめた自民党政治刷新本部作業部会の座長、鈴木馨祐《けいすけ》・法務相（衆議院神奈川7区）も麻生派所属議員です。「裏金」で立件された安倍派、二階派以外の麻生派所属なので抜擢《ばってき》したと思われます。

17年以前はキックバックの記載なし

鈴木氏の収支報告書には、18年から22年までの5年間、毎年、麻生派からキックバックとみられる寄付、計486万円の記載があります。しかし、他の所属議員同様、17年以前には記載がなく、鈴木氏自身もそれまでキックバックを裏金化していた疑いが濃厚です。

しかし鈴木氏はBS－TBS「報道1930」（24年5月13日放送）で、「われわれ麻生派

しんぶん赤旗　日曜版　2024年6月2日
日本共産党中央委員会

日曜版指摘に訂正300万円

自民「改正」案提案者は裏金議員

鈴木馨祐氏に資格なし

自民党の政治資金規正法「改正」案の提出者は、約300万円の「裏金議員」だった―。こんな実態が日曜版編集部の取材で明らかになりました。

鈴木氏側が不記載にしていた寄付収入（2021年）

企業・団体からの寄付	86万円
神奈川県宅建政治連盟	10万円
全日本不動産政治連盟神奈川県本部	20万円
神奈川県歯科医師連盟	10万円
税理士による鈴木けいすけ後援会	10万円
神奈川県社会保険労務士政治連盟	6万円
ＴＫＣ全国政経研究会	60万円
ＴＫＣ神奈川政経研究会	30万円
神奈川県自動車整備政治連盟	10万円
自民党神奈川県横浜市支部連合会	10万円
それ以外の政治団体からの寄付	30万円
計	282万円

2024年6月2日号

は（裏金づくりは）やっていなかった」と真っ赤なウソを述べました。さらに――。

鈴木氏は「パーティーと新聞は両方事業なので、公開基準は同じであるべき」とし、「新聞」の例として「赤旗」を名指しし、攻撃しました（ＮＨＫ「日曜討論」同12日）。

この発言に日本共産党の小池晃書記局長は「裏金を暴いたから『赤旗』に矛先を向けるのはとんでもない話だ」と厳しく批判しました（「報道1930」同13日）。

この鈴木氏の政治資金を記者の笹川神由が調査しました。すると、鈴木氏が代表を務める「自民党神奈川県第7選挙区支部」が21年に六つの政治団体からの寄付収入計66万円を不記載にしていることを突き止めました。

24年5月24日の衆議院政治改革特別委員会。日本共産党の塩川鉄也衆議院議員の追及に、鈴木氏は日曜版の指摘分のほかにも不記載があると認めました。

結果的に鈴木氏は総額約300万円の収入を裏金処理していたことが判明。しかし、日曜版の指摘がなかったならば、この不記載はいっさい明らかになっていません。そういう人物が国会で、自公の政治資金規正法改定案の答弁者となっていることに、自民党の裏金問題での無反省ぶりがよく表れています。

裏金事件で安倍派、二階派議員が表舞台に立てないなか、麻生派議員を起用してきた岸田政権。しかしその麻生派が17年までは、安倍派、二階派と同様、キックバックを裏金処理していた可能性は濃厚です。

裏金問題はまさに自民党の組織ぐるみの犯罪。安倍派だけのせいにして他の派閥に〝顔〟をすげ替えようが、次から次に疑惑が浮上してしまう。それは、岸田文雄前首相が会長を務めていた岸田派も同様でした。

12　岸田派裏金はもっと闇

２０２３年12月、日曜版のスクープは、岸田政権・自民党の中枢を直撃する巨額裏金事件に発展しました。自民党の安倍派「清和政策研究会」が政治資金パーティー収入の一部を政治資金収支報告書に記載せず裏金化していた疑いが発覚。安倍派は派閥パーティーの販売ノルマ超過分を所属議員（99人＝当時）の大半に裏金としてキックバック（還流）していました。所属議員に渡った裏金の額は18～22年までの5年間で、約5億円にのぼると報じられました。

自民党最大派閥で、岸田政権の中枢を占めていた安倍派。政権の要である松野博一官房長官はじめ、西村康稔経済産業相、高木毅・同党国会対策委員長、萩生田《はぎうだ》光一・同党政調会長、世耕弘成・同党参議院幹事長の「安倍派5人衆」全員が裏金を受け取っていた疑いが浮上しました（肩書はすべて当時）。

盟の担当者は「理事会で畦元議員から宏池会パーティー券の購入要望があり、連盟から15人が参加した」と答えました。

パーティー券は1枚2万円なので、15人参加したなら同連盟側の支出は30万円。20万円超の大口購入者や、1件あたり5万円以上の支出には収支報告書に記載義務がありますが、連盟側、宏池会側のどちらの収支報告書にも記載がありません。

しんぶん赤旗 日曜版
2023年 12月24日
日本共産党中央委員会

岸田派裏金はもっと闇

派閥側もパー券購入側も記載せず隠蔽

スクープ 証拠を入手 新たな脱法手口

安倍派・二階派 購入者数ねつ造

疑惑の方程式

宏池会

2023年12月24日号

笹川が総務省に問い合わせると、同連盟はパーティー券を購入した際の5万円以上の領収書を、今まで一度も提出していないと説明しました。

当然、連盟側も派閥側も収支報告書を訂正するだろうと取材班は考えました。ところがその後、同連盟の会計責任者は「連盟としての支出は数人分」と最初の説明を覆しました。その後も「連盟は10人分支出し、それ以外は役員が個人で支払った」などと説明を二転三転。連盟としては20万円超のパーティー券代を支出していないから、岸田派側は大口購入者として記載する必要はないというのです。しかし、パーティー券購入が仮に数万円だとしても、なぜ同連盟側と岸田派側は領収書を取り交わしていないのか。「領収書不要のパーティー収入を裏金化」したという岸田派関係者の証言の真実性を裏付けるものです。同連盟からの収入を岸田派が裏金化していた疑いは極めて濃厚です。

日曜版は「岸田派裏金はもっと闇／派閥側もパー券購入側も記載せず隠蔽《いんぺい》」（23年12月24日号）と報じました。

安倍派とは別の悪質性

岸田派の裏金には、安倍派や二階派とは別種の悪質性があります。安倍派や二階派は、裏金処理したパーティー収入を、所属議員への裏金キックバックに充てていました。しかし岸田派は、所属議員への裏金キックバックはなく、裏金処理したパーティー収入をどのように使ったか不明です。

岸田派は18～20年の3年間で派閥パーティーの収入など約3000万円を裏金化していたとして元会計責任者が略式起訴されました。岸田首相は「事務的なミスの積み重ね」（24年1月18日）と釈明しました。しかし元会計責任者は21年に交代するまで、20年以上、会計責任者を務めてきた人物。なぜ18～20年の3年だけ「事務的なミスを積み重ね」たのか。また実際のお金と収支報告書の金額が約3000万円も食い違っているのに気づかないはずがありません。謎は深まるばかり。会長だった岸田氏はいまだに説明責任を果たしていません。

13　不正は地方組織でも横行

政治資金パーティーを利用した不正は、自民党の派閥だけでなく、地方組織でも横行している疑いが濃厚です。

自民党都連と都議会自民党

日曜版記者の笹川神由は、自民党東京都支部連合会（都連）と都議会自民党が派閥と同様の不正をしていることを見つけました。1回の政治資金パーティーで20万円超のパーティー券を購入した〝大口購入者〟である複数の政治団体を、政治資金規正法の記載義務に反して政治資金収支報告書に記載していなかったのです。不記載額は2019、22年の2年間の合計で計約800万円に上ります。

笹川の取材に、複数の政治団体の担当者らは「自民党の複数の都議が別々に同じパーティー券の購入を頼みに来る。議員ごとに分けてパーティー券代を支払った」と説明しました。議員ごとに収入を分散して報告する〝脱法的〟手口は、派閥とまったく同じ。当時の都連会長は安倍派の裏金議員、萩生田光一衆議院議員でした。

日曜版は「都議会自民・都連でも不記載８００万円」（23年11月26日号）と報道。これを受けて神戸学院大学の上脇博之教授が萩生田氏らを刑事告発（24年1月2日付）しました。この時期、多くの自民党地方組織が、いっせいに大口購入者の不記載を訂正しています。

問題はほかにも――。

しんぶん 赤 旗 日曜版 2023年11月26日

5派閥パー券不正 地検が聴取

スクープ・続報

都議会自民・都連でも不記載800万円

議員ごとに分け報告
〝脱法的〟手口まん延

不透明で癒着の温床

企業・団体のパー券購入禁止を

日曜版の調べで判明したパーティー券購入者の不記載

都議会自民党	16件 13団体 合計448万円
自民党東京都支部連合会	7件 7団体 合計380万円

2023年11月26日号

「疑惑の方程式」

２０２３年12月、自民党派閥の裏金事件を各メディアが報じるなか、日曜版の独自取材がテレビなどで取り上げられ話題になりました。「疑惑の方程式／安倍派・二階派購入者数ねつ造」（23年12月24日号）というスクープです。

端緒は、日本共産党本部の職員によってもたらされました。「赤旗」日刊紙（23年12月18日付）が、22年までの6年間分の安倍派のパーティー券購入者数と販売枚数、収入の表を掲載。それを見ていた本部職員は、「一人あたりパーティー券を何枚買っているのだろう」と電卓を叩いてみました。すると、なぜか毎年同じ数字に。おかしいと思った職員は、党本部に来ていた日曜版編集長の山本豊彦を呼び止め、「毎年同じ数字になるんですよ。なぜだろう」と話しかけました。

「あとは、私たちで引き取ります」と山本は、党本部に隣接する赤旗編集局のビルに戻り、笹川とデスクの山田健介に「計算すると、同じ数字になるというがおかしくないか。調べてみて」と指示しました。

政治資金規正法は、政治資金パーティーのうち収入が1000万円以上のものを「特定パーティー」として会場や対価の支払い者数＝パーティー券の購入者数などの詳細を収支報告書に記載するよう義務付けています。

清和政策研究会（安倍派）のパーティー券販売枚数と購入者数

開催年	パーティー収入	販売枚数（推計）		購入者数
2017年	2億　98万円	1万　49枚	×0.675	6784人
2018年	2億　802万円	1万　401枚		7021人
2019年	1億5338万円	7669枚		5177人
2020年	1億　262万円	5131枚		3464人
2021年	1億　2万円	5001枚		3376人
2022年	9480万円	4740枚		3200人

「また赤旗に抜かれた」

調べてみると驚くようなことが……。安倍派は17～22年の6年間、パーティー券の販売枚数（パーティー収入を1枚のパーティー券代＝2万円で割った数字）に0・675をかけた数字をパーティー券購入者として収支報告書に記載していたのです（表）。毎年の実際の購入者数が、販売枚数に0・675をかけた数字になることなどありえません。

二階派も22年までの4年間、パーティー券の販売枚数に0・8をかけた数字を記載していました。

この〝疑惑の方程式〟はテレビのワイドショーや週刊誌など多くのメディアが後追い報道しました。テレビ朝日系「モーニングショー」（23年12月26日）で取り上げた際、政治ジャーナリストの田﨑史郎氏が、「我々でも計算しなければいけなかったことを、また赤旗に抜かれてしまった」と語りました。

収支報告書のねつ造は、派閥だけでなく自民党の地方組織である各都道府県支部連合会（都道府県連）にも蔓延《まんえん》していました。

各県連などの収支報告書を調べてみると、パーティー券の販売枚数と同じ数字を対価の支払い者数として記載しているところがぞろぞろ出てきました。20～22年の間にパーティーを開いた県連を調べただけで、その数は少なくとも20団体にのぼりました（23年末時点、次ページ表）。

茂木敏充幹事長が代表を務める栃木県連もパーティー券販売枚数と同じ数字を対価の支払い者数として記載していました。取材班が別の不記載について23年12月5日に質問状を送ると、同7日付でこっそり、対価の支払い者の記載を7601人から一気に5000人も減らし、2301人に訂正しました。

日曜版は「自民県連もパー券購入者数ねつ造／20団体で販売数と一致」（23年12月31日、24年1月7日合併号）と報じました。この報道を受けて各地の日本共産党組織が自民党などに質問状を出すなどの運動が起こり、自民党側の訂正も相次ぎました。

他方、パーティー券の販売枚数と購入者数が同じだとねつ造した数字を記載しながら、小泉進次郎元環境相が代表を務める神奈川県連などは訂正していません。

大口購入者の不記載やパーティー券購入者数のねつ造をしていた安倍派、二階派は、収支報告書の収入と支出も虚偽で、裏金をつくっていました。県連は裏金をつくっていなかったのか。真相の解明が求められます。

知る権利を侵害

政治資金規正法は、政治活動が国民の不断の監視と批判のもとに公明・公正に行われる

「疑惑の同数」の自民党道府県連

北海道	伊東良孝（衆）	
	橋本聖子（参）	
青　森	津島　淳（衆）	
	江渡聡徳（衆）	
岩　手	藤原　崇（衆）	
宮　城	西村明宏（衆）	
福　島	根本　匠（衆）	
栃　木	茂木敏充（衆）	→訂正
埼　玉	柴山昌彦（衆）	
神奈川	小泉進次郎（衆）	
富　山	野上浩太郎（参）	
山　梨	森屋　宏（参）	
岐　阜	武藤容治（衆）	
	野田聖子（衆）	
愛　知	丹羽秀樹（衆）	
京　都	西田昌司（参）	
大　阪	宗清皇一（衆）	
兵　庫	西村康稔（衆）	
広　島	平口　洋（衆）	
徳　島		
福　岡		
宮　崎		
鹿児島	森山　裕（衆）	

※国会議員名は疑惑の収支報告書提出当時の代表者

ようにし、民主主義を健全に発展させるためにつくられました。

収支報告書に虚偽の数字を記載することは、国民の知る権利を侵害し、主権者・国民を裏切る、民主主義にとって重大な〝犯罪〟です。派閥だけでなく多くの地方組織が手を染めていたのですから、まさに自民党ぐるみの組織的犯罪です。

14　企業・団体献金の〝抜け道〟を裏づける㊙リスト

裏金づくりの温床となっていた自民党派閥の政治資金パーティー。パーティー券の大半は企業や団体が購入し、企業・団体献金の〝抜け道〟といわれてきましたが、実態は闇の中でした。その一端が自民党議員の極秘資料で判明しました。

パー券販売リスト入手

取材班が入手したのは、茂木派（平成研究会）所属の井野俊郎・元防衛副大臣（衆議院群馬2区）の事務所が作成した、2021年12月開催の平成研のパーティー券の販売先リストです。

日曜版編集長の山本豊彦は「企業・団体への販売分が全体の何割なのか調べて、パーティーが企業・団体献金の〝抜け道〟になっていることを〝証拠〟で示そう」と指示。記者の笹川神由がリストの集計にあたりました。

同リストによれば井野事務所側は21年12月開催の平成研のパーティー券を合計407件、846万円分を販売していました。

販売額の8割が企業・団体と判明

井野氏が代表の政党支部の22年分の政治資金収支報告書には、パーティー収入のノルマ超過分のキックバック（還流）とみられる644万円の寄付の記載があります。

井野氏側はパーティー券を誰に販売していたのか。

件数も金額も圧倒的に多いのが株式会社などの企業で270件・566万円分（約66・33％）。労組や業界団体などが62件・130万円分（約15・23％）。企業・団体がパーティー券の販売額の8割を占めます。企業の従業員などを除く純粋な個人の支出は5件・10万円分（約1・2％）にすぎません。

違法・脱法手口も判明しました。

リストには平成研のパーティー券を20万円超購入している企業が複数記載されています。ところが、大口購入者として記載すべき平成研側の収支報告書（21年分）には、その企業名はありません。
　企業だけでなく、その関連会社名義や従業員名義で購入するという脱法手口も明らかになりました。企業名義で20万円、従業員名義で30万円、計50万円分のパーティー券を買っていた群馬県の企業。笹川の取材に「会社として計25枚・50万円分を支出した」と認めました。20万円超購入した場合、大口購入者として公表されるため従業員名義にしたとみられます。

**派閥のパーティー券
販売先は企業・団体ばかり**

※井野事務所のパー券配布リスト(21年)
と政治資金収支報告書から作成

　日曜版デスクの山田健介の取材に、パーティー券を販売してきた自民党関係者は明かします。「企業には収支報告書の提出義務がない。派閥側が収支報告書に載せない限り表には出ない。議員サイドとしては、パーティー券購入の協力企業は極力隠したい。癒着が疑われると困るのもあるが、他の議員に知られるとパーティー券の購入依頼が競合するからだ」

日曜版は「裏金の〝源〟自民党政治パーティー／販売先リストが語る脱法手法」（24年5月19日号。132ページ資料）と報じました。

資金提供は「見返り」のため

なぜ、企業・団体献金は問題なのか。日本共産党の志位和夫議長は「経済的に圧倒的な力がある企業が献金することは、金の力で政治をゆがめ、国民の参政権を侵害することになる」（24年2月1日、衆議院本会議）と指摘しています。

日本共産党の塩川鉄也議員は24年2月14日の衆議院予算委員会で歴史的な経過をひもといて裏金問題を追及。「政治をゆがめる企業・団体献金にしがみついてきたのが自民党であり、財界・大企業だ」と批判しました。

塩川氏が示したのが自民党派閥のパーティー収入の推移。１９９８年の3億６５００万円が99年には約13億１６００万円と３・６倍に急増しています。99年の政治資金規正法の改正で派閥への企業・団体献金が禁止となったため、パーティー券の購入にシフトしたためです。塩川氏は「政治資金パーティー収入は形を変えた企業・団体献金だということが明らかだ」と指摘しました。

営利を目的とする企業や業界団体が政党や政治家に資金提供するのは「見返り」を求めるため。本質的には賄賂です。

自民党派閥の政治資金パーティー収入

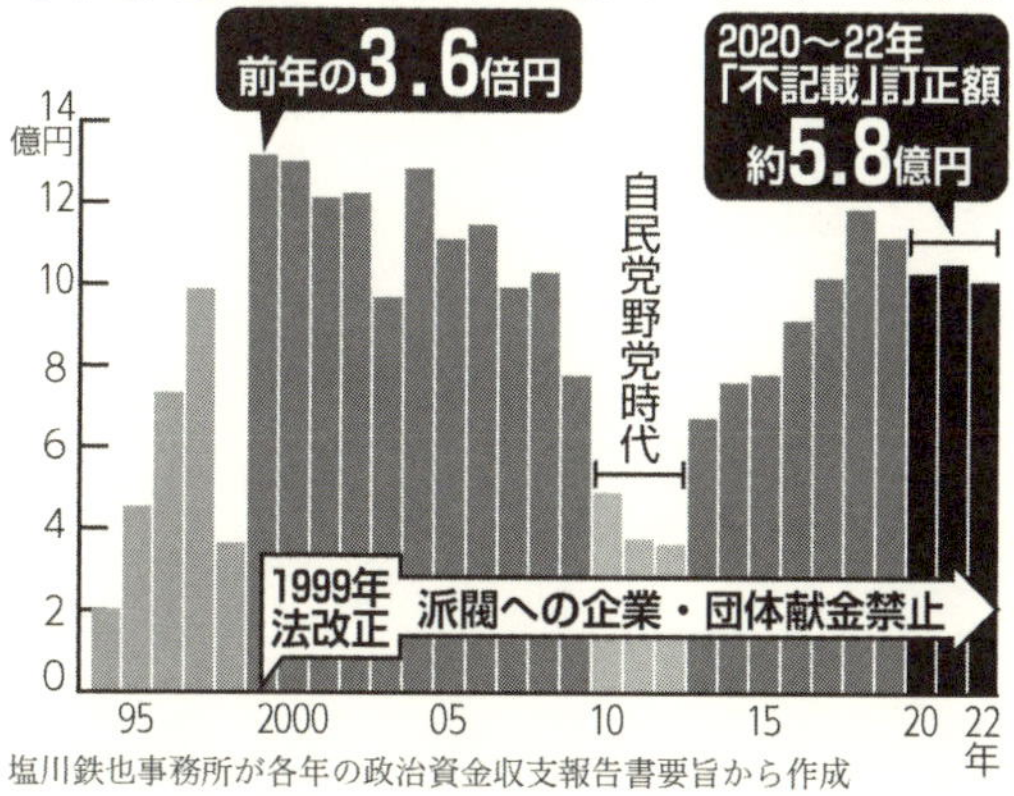

塩川鉄也事務所が各年の政治資金収支報告書要旨から作成

リクルート事件（88年）、東京佐川急便事件（92年）などの金権腐敗事件が相次ぎ、経団連は93年、それまで行ってきた自民党への企業献金あっせんの中止を表明。ところが2003年、経団連は「カネも出すが口も出す」として政党の〝通信簿〟ともいうべき「政策評価」を示し、会員企業や業界団体によびかけ、自民党の政治資金団体「国民政治協会」への企業・団体献金を事実上あっせんしてきました。

自民党はこの間、経団連が「政策評価」で要求してきた法人税減税や消費税増税、原発再稼働などを忠実に実施。見返りとして03～22年までに自民党側が受け取った企業・団体献金は約464億円に上ります。「政策買収」そのものです。
政治資金規正法「改正」案が参議院で審議入りするころ、日本共産党の山添拓参議院議員の秘書から日曜版デスクの山田に「今度の参議院決算委員会で首相に直接質問する機会がありそうなので協力してほしい」という連絡が入りました。山添事務所が注目したのは、日曜版の「ゼネコン業界と自民一体／献金あっせん復活／スクープ証拠文書入手」(23年7月2日号)という記事でした。

資料 2024年5月19日号

スクープ　茂木派パーティー　販売先リストが語る脱法手法

企業・団体が8割　パーティーは企業献金の〝抜け道〟明らか

裏金事件で注目される自民党派閥の政治資金パーティー。購入者の大半は企業・団体といわれているものの、その実態は闇の中でした。その一端が編集部入手の極秘資料で判明しました。

公開が必要な20万円超のパーティー券を企業が購入していたにもかかわらず、公開されないよう、政治家側と結託し、違法・脱法の疑いのある行為で、公開基準を超えないよう隠していた――。極秘資料は、いくら自民・公明両党がパーティー券購入者の公開基準を引き下げても、意味がないことを示す動かぬ証拠です。パーティー券購入を含む企業・団体献金の全面禁止しかありません。

編集部が入手したのは、自民党の茂木敏充幹事長が会長の茂木派「平成研究会」に所属する井野俊郎・元防衛副大臣（衆議院群馬2区）事務所が作成した2021年分の派閥パーティー券の販売先リストです。

21年12月13日に開催された茂木派のパーティー「平成研究会セミナー」。リストによれば、井野氏側はこのパーティー券を合計846万円分販売しました。

現行の政治資金規正法では、1回のパーティーで20万円超購入した大

しんぶん赤旗 日曜版 2024年 5月19日

裏金の"源" 自民党政治パーティー スクープ

会社名義では 2万円×10枚＝20万円

公開基準以下だけど… 従業員名義でさらに 2万円×15枚＝30万円

公開が必要な 計50万円購入

販売先リストが語る 脱法手法

編集部が独自入手

茂木派パーティー

自公案「パー券購入者の公開基準引き下げ」は無意味

2024年5月19日号

口購入者の名前を政治資金収支報告書に記載し、公開することになっています。しかしリストには、大口購入者であるにもかかわらず、政治家側と企業側が結託し、違法・脱法と疑われる手口を使い、公開しないケースが複数ありました。

――同一企業が合計50万円を支払いながら、このうち30万円分を従業員名義で個人が購入したとして処理。

――同一企業が計40万円支払いながら、名義を関連会社に分散。

さらに闇の実態を追います。

裏金の〝源〟、自民党政治資金パーティー

編集部が入手した、自民党の井野元防衛副大臣（衆議院群馬2区）事務所作成の「令和3年　パーティー　配布先」リスト。自民党の茂木幹事長が会長の茂木派「平成研究会（平成研）」所属議員の一人である井野氏の事務所が販売した1回分のパーティー券だけで、多くの違法・脱法疑いの行為が行われていました。

自民党幹事長として、与党による「政治資金制度の改革に関する取りまとめ」に署名した茂木氏自身の責任も問われます。

自民・公明両党が取りまとめた与党案は、政治資金パーティー券の公開基準を現行の1回20万円超から引き下げ透明化するとしています。しかし企業・団体には政治資金収支報告書の提出義務がありません。そのため与党がいうように、いくら公開基準を引き下げても、企業・団体の購入分を検証することはできません。リストで判明した違法・脱法疑いの手口を使えば、公開せず、隠すことができます。

茂木氏が派閥会長に就任して初めての政治資金パーティー「平成研究会セミナー」が、21年12月13日に都内で開催されました。

井野事務所のリストは、そのパーティー券販売先（東京、地元）を一覧にしたものです。パーティー券の通し番号、団体名、役職名、氏名、枚数、出席、住所、電話番号、入金の有無、入金日などが記載されています。

しんぶん赤旗 日曜版

20万円超えないよう関連会社装い入金

茂木派パーティー

井野元防衛副大臣のパー券販売リスト

企業・団体8割
名前隠しも横行

派閥のパーティー券販売先は企業・団体ばかり

経費ゼロで全額還流 対価性の前提破たん

2024年5月19日号

経費ゼロで全額還流　対価性の前提破綻

リストによれば、東京では1枚2万円のパーティー券を計107件246万円分販売。井野氏の地元、群馬県では計300件600

万円分販売し、合計407件、846万円分を売り上げています。

政治資金規正法は「政治資金パーティー」について、対価（会費、チケット代）を集めて行われる催物と定義しています。催物の収入から、かかった経費（会場代や飲食代など）を差し引いた残額を、その催物を開催した者またはその者以外の者の政治活動に関し支出することとしています（政治資金規正法第8条の2）。

ところが、派閥のパーティーの場合は、会場代や飲食代など諸経費は派閥が負担します。所属議員はノルマ分を超えてパーティー券を売れば売るほど派閥からキックバック（還流）があり、自分のふところに入る金額が膨らむ仕組みです。

翌22年分の収支報告書。井野氏が代表を務める「自民党群馬県第2選挙区支部」に対して、平成研からパーティー券のノルマ超過分のキックバック分とみられる644万円（22年6月9日付）の寄付が記載されています。

「経費を差し引いた残額」どころか、パーティーの経費も出していない井野氏側に資金がそのまま渡る仕組み。法律が定める対価性などの前提は完全に破綻しています。

純粋な個人による支出は5件、10万円のみ

それでは、井野氏側は誰にパーティー券を販売していたのか。

金額も件数も圧倒的に多いのが株式会社などの企業で、270件・566万円分（約

66・33％）。労組や業界団体などが62件・130万円分（約15・23％）。政治連盟など業界と表裏一体の政治団体が45件・90万円分（約11・05％）。個人名義は30件・60万円分（約7・3％）ですが、実際は企業によるとみられるものを除くと、純粋な個人による支出は5件・10万円分（約1・2％）にすぎませんでした。

政治資金規正法は、受け取った寄付（献金）については、「年間5万円超」を支払った者の名前などを収支報告書に記載するよう義務づけています。

一方、パーティーは、受け取り額が「1回につき20万円超」でなければ、購入者名などを収支報告書に記載しなくてよいルールになっています。

リストによれば、井野事務所側は合計846万円ものパーティー券を販売し、その8割は企業・団体が買っています。しかし平成研の収支報告書（21年分）の20万円超の対価の支払い者の欄には、井野事務所を通してパーティー券を買った企業の名前はいっさい出てきません。ところが――。

脱法手口1

問題のリストを精査すると、平成研のパーティー券を20万円超購入している企業が複数存在することがわかりました。平成研側の収支報告書に記載がなければ違法となるケースです。

リストに掲載された販売先の一つ。老人ホームや介護施設を運営する「株式会社全高住」（群馬県伊勢崎市）。21年と22年、井野氏が代表の政党支部に献金し、資金管理団体のパーティー券も購入している支援企業です。

リストには、同社名で派閥のパーティー券購入分として20万円の入金（21年4月22日）が記載されています。このほかに、「個人（全高住　従業員　15名）」として30万円の入金（21年5月25日）の記載があります。

入金10枚分　配布は1枚

編集部の取材に同社は「21年も22年も、派閥のパーティーに会社として25枚分、計50万円支出した」と明言しました。21年の従業員15人分も会社が支出したと認めたのです。

22年分の平成研の収支報告書には、確かに同社からのパーティー券50万円分の支払いが明記されています。ところが21年分は記載がありません。平成研側に政治資金規正法違反（不記載）の疑いが浮上します。さらに……。

脱法手口2

リストには鶏卵準大手の会社（群馬県前橋市）名義で10枚20万円分の入金（21年5月

13日付）が記載されています。さらに同年5月18日にも同社名義で10万円を2回、計20万円の入金を記載しています。しかしそれぞれ「振込」と注記し、関連2社の名前を記載しています。実際は同じ会社に40万円分の派閥パーティー券を購入してもらったことを井野氏側が認識しながら、平成研の収支報告書に企業名が記載されないよう関連会社名義を装った疑いがあります。

脱法手口3

リストによれば、パーティー券の配布はそれぞれ1枚なのに、20万円（東京都中央区の株式会社）、6万円（同港区と、さいたま市の株式会社）、4万円（東京都港区の協同組合）などの金額を入金しているケースがありました。不参加が前提の支出とみられます。

総務省は「政治資金パーティーの対価として得た収入であっても、その代金が社会通念上の価額を超える場合は寄付として扱われる」と説明しています。パーティーに出席しない分のパーティー券代は対価ではないため寄付にあたります。収支報告書に寄付として記載しなければ政治資金規正法違反（虚偽記入）の疑いがあります。

また同法は、企業から「その他の政治団体」への寄付を違法としています。上記の企業から平成研への支出は「違法な寄付」にあたる疑いがあります。

脱法手口4

企業からの資金であることを隠した疑いも――。「廃棄物処理法」の規定に違反したとして20年12月に伊勢崎簡易裁判所から罰金70万円の略式命令を受け刑が確定。群馬県によって21年4月15日に産業廃棄物処理業の許可取り消しの行政処分を受けた会社(桐生市)があります。

その直後の同5月19日、同社の代表取締役(伊勢崎市)が個人名義で平成研のパーティー券10枚、20万円分を購入しています。

そもそも、自民党派閥のパーティー裏金事件の端緒となったのは、日曜版(22年11月6日号)の「パー券収入 脱法的隠ぺい 2500万円分不記載」のスクープ報道。20万円超の大口購入者の名前を、自民党の主要5派閥が収支報告書に不記載にしていました。それにもとづき神戸学院大学の上脇博之教授が刑事告発し、東京地検の捜査に結びついたのです。

日曜版記者が派閥側の不記載を発見できたのは、パーティー券を買った側の政治団体の収支報告書の記載がチェック可能だったためです。政治団体は、1件の支出が5万円以上(国会議員関係政治団体は1万円超)の場合は収支報告書に記載義務があります。日曜版記者はこれら政治団体の収支報告書を調べるなかで、一つの政治団体が複数の議員の名義でパーティー券代を支出し、その合計額が公開基準の20万円を超えるケースが大量にあることに違和感を持ちました。

それを派閥側の収支報告書と照合した結果、大量の不記載の存在に気付いたのです。

自民党議員にも知られたくない

自民党関係者は「政治団体だけでなく企業にも複数の議員がパーティー券を買ってもらっている構図は同じだ」と解説します。「ただ、企業は収支報告書の提出義務がないから、支払いを受けた派閥側などの収支報告書に社名が載らない限り、表に出ることはない。議員サイドとしては、パーティー券購入に協力してくれる企業は極力表に出したくない。癒着が疑われると困るのもあるが、他の自民党議員に知られたら、その議員からも資金提供の依頼が行ってしまう。企業にも献金の上限はあるから、他に知られないのがMore Better（モアベター＝より良い）なんですよ」

井野事務所のリストによって、これまで、収支報告書では表に出てこなかった企業・団体によるパーティー券購入の闇の実態の一端が判明しました。

政治資金パーティーをめぐる裏金化や政治資金規正法違反を防ぐには、パーティー券購入を含む企業・団体献金の全面禁止しかありません。

平成研と井野事務所は回答しませんでした。

15　政治ゆがめる企業献金の実態を追う

裏金事件を受けた2024年の通常国会。日本共産党は、事件の核心となる政治資金パーティー券の購入を含めた企業・団体献金を全面禁止する法案を提出するとともに、これに背を向ける岸田文雄首相の弁明を突き崩す論戦を繰り広げました。

衆議院代表質問（24年2月1日）。日本共産党の志位和夫議長は「経済的に圧倒的な力のある企業が献金をすることは、金の力で政治をゆがめ、一人一人の国民の参政権を侵害することになることは明らかだ」として企業・団体献金の全面禁止を求めました。

それに背を向ける岸田首相が持ち出したのが、八幡製鉄政治献金事件の最高裁判決（1970年）です。八幡製鉄の役員が自民党に350万円を献金したのは事業目的に反するとして、株主が提訴。最高裁は憲法上、公共の福祉に反しない限り、企業にも政治献金の自由があるとの判断を示しました。判決に「大企業による巨額の寄附は金権政治の弊を産む……弊害に対処する方途は、さしあたり、立法政策にまつべきこと」と書かれていたことには触れませんでした。

２０２４年5月22日の参議院予算委員会。日本共産党の小池晃書記局長は、「判決は、企業・団体献金を禁止する立法を否定しているわけではない」とズバリ岸田首相を批判しました。岡原昌男・元最高裁長官が同判決について「（自民党が判決の）一部だけを読んで企業献金差し支えない、何ぼでもいい、こう解釈していますが、あれは違います」（１９９３年11月2日、衆議院政治改革特別委員会）と述べていることも紹介。企業・団体献金の全面禁止を岸田首相に迫りました。

証拠文書示し追及

企業・団体献金が政治をゆがめる実態を明らかにしたのが日本共産党の山添拓参議院議員の決算委員会（２０２４年6月10日）での質問でした。

山添氏が注目したのが、日曜版の「ゼネコン業界と自民一体／献金あっせん復活／スクープ証拠文書入手」（23年7月2日号。１４７ページ資料）という記事でした。

質問づくりへの協力を要請された日曜版デスクの山田健介と記者の笹川神由は参議院議

員会館の山添事務所で山添氏や秘書らに資料を広げ、詳しく説明をしました。

「赤旗」と国会の連携プレーでおこなわれた山添氏の質問。日本建設業連合会（日建連）加盟企業から自民党の政治資金団体「国民政治協会」（国政協）への献金が10年間で20億円を超えていることを取り上げ、その内幕を明らかにしました。

山添氏が示したのは、日曜版が入手した日建連の内部資料。そこには自民党側が献金の「要請額」を示し、日建連がそれに基づき会員企業に「政治寄付の目安金額」を示し、割り振りをしている実態が生々しく記されていました。

日建連加盟の大手57社（23年2月現在）で構成される「社会貢献活動協議会」（社貢協）例会。「２０１９年例会・事務部会進行シナリオ」にはこう書かれています（写真）。

(2) 国政協からの依頼について
(　　会長から国政協への協力についてひと言)
(　　総長から基政審で目標額４億円が了承された旨を報告)

(2—②) 各社の目安額について
それでは、お手元の分担率に従って、国政協に対する政治寄付の目安金額を第１グループから順に申し上げますので、メモをしていただきますようお願いいたします。(金額を読み上げ)
第1グループ　１８００万円、第2グループ　９００万円、
第3グループ　７５０万円、　第4グループ　６００万円、
第5グループ　３５０万円、　第6グループ　１２万円　　です。
控えていただけましたでしょうか？
なお、例年同様、本日、社貢協の例会が終わったことを国政協に連絡させていただきますので、後日、国政協の担当者から各社をお訪ねしたい旨のアポイントが入ることになります。
連絡が入りましたらご対応いただきますよう宜しくお願いいたします。
以上でございます。

「2019年例会・事務部会進行シナリオ」より抜粋（一部加工）

「国政協に対する政治寄付の目安金額を第1グループから順に申し上げますので、メモをしていただきますようお願いいたします。（金額を読み上げ）第1グループ1800万円、第2グループ900万円……第6グループ12万円です。控えていただけましたでしょうか」

国政協の献金「要請額」に見合うよう、6グループごとの献金の目安金額を読み上げ、メモさせたもの。社貢協で割り振りが決まったあと、国政協から各社に、割り振り金額の入った献金請求書が出される仕組みです。

ゼネコン業界内部文書で首相の言い分崩す

読み上げられた献金の目安金額が、実際の献金額とおおむね一致していたことを示した山添氏。岸田首相の〝自民党への（企業による）献金は自発的なものだ〟との弁明について「どこが自発的か」「献金のあっせんにほかならない」と追及しました。

日建連は21年11月に大型工事に関わる予算の別枠計上などを求める要望書を提出。その通りの予算編成の仕組みが実現し、21年末には日建連会長が感謝のコメントまで出しています。

10年間で20億円を献金した日建連会員企業。他方、10年間で受注した公共事業額は27兆円を超えています。山添氏は岸田首相に迫りました。「それでも献金とは無関係としらを切るのか」「1団体だけでなく業界全体を巻き込んでいる」「自発的どころか、自民党の方が政策に値札を付けて売ってきた」

〝献金請求書〟をスクープ

日曜版は、大型開発推進と引き換えに自民党側が日建連に4億7100万円の〝献金請求書〟を出していたことをスクープ（13年7月7日号）。志位委員長（当時）が日本記者クラブ主催の党首討論会で取り上げ、メディアが取り上げるなど大問題になりました。今回新たに日曜版が入手した資料について上脇博之・神戸学院大学教授は記事へのコメントでこう評価しています。

「ここまで露骨な献金のやりとりが記された内部文書が表に出ることはまれです。自民党の財界政党としての体質を示す貴重な〝証拠〟です」

財界・大企業応援政治の〝見返り〟としての企業・団体献金。自民党派閥の裏金事件の舞台となったのは、その企業・団体献金の〝抜け穴〟となったパーティーだったのです。

資料　2023年7月2日号

スクープ　証拠文書入手　自民党と一体で〝献金あっせん〟するゼネコン業界

自民党からの献金要請を受けた業界団体が、会員各社に献金を割り振る。これを受け同党は各社に〝請求書〟を送りつける――。自民党とゼネコン業界が一体となり、やめたはずの〝献金あっせん〟を復活させていたことが、編集部入手の「日本建設業連合会」（日建連）内部文書などで明らかになりました。日建連会員から自民党への献金実績は2021年までの10年間で20億円超。自民党政権はゼネコンが求める大型開発を推進し、日建連会員のうち93社が22年度までの10年間で国発注工事約27兆円を受注していました。献金効果は1万倍超。〝財界のもうけ最優先政治〟の裏側を追います。

10年で20億円献金→27兆円の公共工事受注

日建連加盟の大手57社（23年2月現在）で構成される「社会貢献活動協議会」（社貢協）例会。「2019年例会・事務部会進行シナリオ」には、自民党の政治資金団体

しんぶん赤旗 日曜版
2023年7月2日

献金あっせん復活
ゼネコン業界と自民一体
スクープ 証拠文書入手
見返りなんと1万倍超
10年で20億円献金➡27兆円の公共工事受注
共産党 政治をもとから変える

2022年7月2日号

「国民政治協会」（国政協）への各社の献金割り振り額がハッキリ記されています。

「国政協に対する政治寄付の目安金額を第1グループから順に申し上げますので、メモをしていただきますようお願いいたします。（金額を読み上げ）第1グループ1800万円、第2グループ900万円……第6グループ12万円です。控えていただけましたでしょうか」

日曜版（13年7月7日号）は、大型開発推進と引き換えに自民党側が日建連に4億7100万円の〝献金請求書〟を出していたことをスクープしました。日建連は当時、取材に「自民党から献金要請があったのは事実だが、各社が自主的に判断する」と答えていました。

財界が政治への影響力を強める手法の一つが企業献金。1950年代から経団連は、自民党への献金の総額を決め、それを業界団体や会員企業に割り振る〝献金あっせん〟

をしていました。しかしゼネコン汚職事件などを受け、経団連は93年、〝あっせんはおこなわない〟と宣言。献金は〝各社の自主的判断〟としました。

先の内部文書は、日建連が組織的に各社に献金額を割り振っていたことを裏付ける〝証拠〟。内部文書には続きがあります。「例年同様、本日、社貢協の例会が終わったことを国政協に連絡させていただきますので、後日、国政協の担当者から各社をお訪ねしたい旨のアポイントが入ることになります。連絡が入りましたらご対応いただきますよう宜《よろ》しくお願いいたします」

自民党と一体で〝献金あっせん〟をしている日建連。〝財界のもうけ最優先政治〟の裏にある、政策をカネで売り買いする利権政治の実態をさらに追います。

国政協からの要求額を各社に割り振り

「取扱注意」と記された「一般財団法人国民政治協会への対応について」の文書。２０１２～22年の10年間分、毎年の国政協からの献金「要請額」と、「日本建設業連合会」（日建連）側が設定した献金「目標額（実績額）」、献金に応じた会社数が記載された極秘文書です。

国政協は例年、日建連に４億７１００万円を要請。日建連は４億円の献金目標を設定し、実績額はここ数年約２・５億円で推移しています。10年間の献金実績はなんと20億円超です。

国政協への献金額を各社に割り振っていたのは、日建連加盟の大手57社（23年2月現在）で構成される「社会貢献活動協議会」（社貢協）の例会・事務部会の場でした。

19年の例会・事務部会の「シナリオ」によれば、議長は社貢協会長（鹿島建設社長）。日建連の事務総長が献金の目安額などを読み上げていました。

ゼネコン元役員は社貢協について「会長は、業界最大手の社長が歴任している」と証言します。社貢協会長には13年以降、大成建設社長と鹿島建設社長がつき、現会長は大林組社長です。


「シナリオ」にある「政治関連案件への対応」の部分。会費ランクに合わせた「特別寄付金分担率」を決め、「国政協への政治献金や自民党の派閥パーティー券の負担を社貢協の皆さんにお願いする際に使用する」と記しています。その分担率で6グループに分け、献金の目安金額を示すという〝献金あっせん〟システムまでつくられていました。

編集部は、13年3月付で国政協が日建連会員ゼネコンに出した1200万円の献金請求書を入手しました。

ゼネコン業界と自民一体

ゼネコン元幹部は証言します。「社貢協で割り振りが決まったあと、国政協から会社に、割り振り金額の入った献金請求書が出される。会社側はそれを役員会にかける。日建連と自民党が一体でないとできないことだ」

編集部は国政協の19～21年分の政治資金収支報告書を調査しました。

大成建設、鹿島建設、大林組、清水建設、竹中工務店のスーパーゼネコン5社の献金額はいずれも1800万円。西松建設や安藤・間、奥村組、五洋建設、前田建設、東急建設は900万円……。社貢協の例会で読み上げられた金額とほぼ一致しました。

自民党が政権復帰したのは12年12月の衆議院選挙。日建連の内部文書によると、12年に献金に応じた社貢協会員は45社中わずか18社。それが自民党の政権復帰後、年々増加し、21年には57社中50社が献金しています。

自民機関誌に広告も「要請」

自民党側が日建連側に「要請」していたのは献金だけではありません。「シナリオ」の議題の一つに「自由企画社からの広告出稿要請について」があります。

自由企画社は「自由民主党直属の広告代理店」として1973年10月に設立。自民党が発行する月刊誌『りぶる』など「自由民主党の機関紙誌の広告取扱業務」をおこなっています。自民党本部近くに所在し、「党職員らが代々役員に名を連ねてきた関連企業」（朝日新聞2019年11月30日付）です。

「シナリオ」は『りぶる』について「日建連は1987年度以来、継続して協賛しておりますが、2015年度以降はけんせつ小町を素材に年6回、1944万円で出稿しております」と説明。「2019年度の出稿につきましては、自由企画社から昨年と同額1944万円で要請が来ております」と書いています。

別の日建連内部文書には「2021年度につきましては、自由企画社から昨年度と同額である1980万円の要請が来ております」と記しています。

「シナリオ」通りなら自民党側は献金とは別に、日建連側に広告出稿の形で毎年2000万円近くの資金提供を要請してきたことになります。

パーティー券は枚数を指定

日建連は国土交通事務次官出身の佐藤信秋参議院議員と、同じく国交省OBの足立敏之参議院議員を「建設業界の職域代表」として推薦・支援しています。

「シナリオ」では佐藤氏が所属する自民党派閥「平成研究会」と足立氏が所属する「宏池会」、佐藤氏の政治資金パーティー(セミナー)の各パーティー券購入を、枚数を指定し、社員協会員企業に割り振っています。

方法は献金と同じ。「シナリオ」には「枚数を申し上げますので、メモをお願いします」「(グループごとの枚数読み上げ)第1グループ6枚、第2グループ4枚……」などと書かれています。

「いつもどおり、佐藤先生の事務所から」「足立先生の事務所からそれぞれ今お伝えした枚数分が郵送されてまいります」と対応を要請。佐藤、足立各事務所と日建連は一体で、パーティー券の割り振りをしていたことになります。

「シナリオ」によれば、例会では選挙についても各社に具体的な要請をしていました。19年夏は佐藤氏が立候補した参議院選挙がありました。「シナリオ」には「佐藤先生に夏の参議院選挙を確実に勝ち抜いていただくことが重要」と書いています。

22年7月27日、東京・中央区の鉄鋼会館で行われた社貢協の例会・事務部会には足立氏が参加。自身のホームページに「選挙の結果報告とお礼のご挨拶をさせていただきました」と記しています。

大型開発推進法に業界も感謝

「防災」を口実に不要不急の大型開発推進を狙う「国土強靭《きようじん》化基本法改定法案」が審議中だった23年6月8日。日建連の宮本洋一会長（清水建設会長）、押味至一《おしみよしかず》副会長（鹿島建設会長）、蓮輪《はすわ》賢治副会長（大林組社長）らが首相官邸を訪れました。岸田文雄首相に、現在の「防災・減災、国土強靭化のための5か年加速化対策」に続く計画を法定化で策定すること、十分な事業量を確保することなどを要望しました。ゼネコン業界が望む大型開発を含む公共事業予算を中長期的に十分確保してほしいというものです。

要望には前出の佐藤、足立両参議院議員も同席。岸田首相は「5か年加速化対策の後継となる中長期実施計画を法定化することにより建設業界が見通しを持って仕事ができる環境整備をしていきたい」と日建連の要望にこたえる姿勢を示しました。

改定法案は同14日、参議院本会議で可決成立。日本共産党は反対しました。改定法成立について日建連会長は、自民党など与党の尽力に感謝するコメントを発表しています。

日建連から自民党側への10年間で20億円超の巨額献金で、日建連が要望していた、国土強靱化基本法改定法が成立したとしたら、ことは重大。政策、法案をカネで買うもので、〝財界のもうけ最優先政治〟そのものです。

日建連はウェブサイトに、会員企業が13年度以降に受注した「国の機関」発注の公共事業の総額を掲載しています。その金額は毎年度2兆～3兆円。22年度までの10年間で約27兆円と巨額です。

社貢協企業が公共事業受注

社貢協会員企業のほとんどが、国の機関から公共工事を受注しています。その一つが、東京外かく環状道路事業。同事業は総事業費が当初の1兆2820億円から2兆

3575億円に1兆円超も膨れあがり大問題になっています。住宅地で陥没事故を起こし、住民から工事中止の民事訴訟が起こされています。

14年に契約された同事業の本線トンネル4工事は、大成建設、鹿島建設、大林組、清水建設というスーパーゼネコン4社が幹事社となった5社の共同企業体（JV）が受注しています。受注したゼネコン20社すべてが社貢協の会員企業です。

不要不急というだけでなく、事故まで起こし、住民から工事中止の声が上がっている外環道事業をなぜ、岸田政権は止めないのか。その背景にあるのが、日建連による自民党への巨額献金による〝財界のもうけ最優先政治〟ではないのか――。

日建連は「ノーコメント」。国政協は「回答はさし控える」。自由企画社、佐藤、足立両事務所は回答しませんでした。

16　裏金は何に使われたのか

自民党派閥の政治資金パーティーでつくられた巨額の裏金は何に使われていたのか――。

自民党が公表した「聴き取り調査に関する報告書」（2024年2月15日）。対象となった議員ら85人のうち、還付金（キックバック、還流）を使用したと答えたのが53人。使用しなかったが31人。1人は「そもそも還付金を受領したことを議員本人及び秘書が認識していなかった」と回答しました。「還付金等の主な使途」として書かれていたものは……。

――会合費、研修会の施設経費、懇親費用、小口現金、事務費、車両購入費、書籍代、人件費、通信費、手土産代、備品・消耗品費、弁当代、リース代、旅費・交通費、翌年以降の派閥のパーティー券購入費用。

報告書は「『政治活動費以外に用いた』又は『違法な使途に使用した』と述べた者は一

人もいなかった」としています。ところが――。

東京地検特捜部は24年8月29日、堀井学前衆議院議員（自民党離党、辞職）を政治資金規正法違反（虚偽記入）と公職選挙法違反（寄付の禁止）の罪で略式起訴しました。

堀井氏は裏金議員の一人。自身の資金管理団体の政治資金収支報告書（２０１９～21年）に安倍派から還流された１７１４万円を記載せず、裏金処理していました。

聴き取り対象者の述べた「**還付金等の主な使途**」は、
- 会合費
- 研修会の施設経費
- 懇親費用
- 小口現金
- 事務費
- 車両購入費
- 書籍代[17]
- 人件費
- 通信費
- 手土産代
- 備品・消耗品費
- 弁当代
- リース代
- 旅費・交通費
- 翌年以降の派閥のパーティー券購入費用

自民党の「聴き取り調査に関する報告書」で紹介された裏金の使途

政治家自身が持参する場合を除き選挙区内の有権者への香典配布は禁じられています。しかし堀井氏は21年10月～23年10月、有権者52人に秘書らを通じて香典や枕花などの名目で計約61万円を違法に提供していました。香典の原資には裏金を充てた、と関係者が供述したと報じられています。

〝違法な使途に使っていない〟と

の自民党の報告書が事実でないことは明らか。それでも再調査をしようとはしません。適正な支出は政治資金として支出できます。違法な支出に使うからこそ裏金が必要なのです。

特捜部の捜査で収支報告書を訂正せざるを得なくなった裏金議員たち。しかし新たな疑惑が……。

世耕氏、萩生田氏の新疑惑

18～22年の5年間で1542万円の裏金を不記載にしていた世耕弘成・自民党前参議院幹事長。取材班の調べで、23年に選挙区内の有権者に会員限定販売の高級クッキーを渡した公選法違反疑惑が浮上しました。

裏金事件を受けて世耕氏は資金管理団体の収支報告書(21～22年)を訂正。裏金で問題の洋菓子店に定期的に支出していたと追記しています(日曜版24年3月10・17日合併号。162ページ資料)。

世耕氏は経済産業相だった18年、クッキーを渡した有権者が代表を務めていた企業を補助金や税制優遇が受けられる「重点支援」対象に選定。この有権者は18年、選定した世耕氏側に１１２万円を献金していました（日曜版同3月24日号。１６５ページ資料）。

18～22年に２７２８万円の裏金を不記載にしていた萩生田光一・前政調会長（衆議院東京24区）。裏金は「現金で保管」と説明していました。ところが裏金の使途として総務相に提出した「再発行」の領収書の中には「クレジットカードにてお支払い」「カードご利用分」と書かれたものが5枚、計約72万円分ありました。現金で保管という説明と明確に矛盾します（日曜版同5月12日号。１７３ページ資料）。

また、不記載分を訂正追記した海外での交際費（20～22年分）など30件、計２９０万円分には領収書を1枚も添付しておらず、支出を証明できていません。

裏金の主な使途の一つが〝選挙〟だった――。編集部は複数の証言を得ました。

日曜版デスクの山田健介の取材に、安倍派関係者や自民党の元秘書らは「選挙に裏金が必要なのは、動いてくれる地方議員や選挙区の有力者に飲ませ食わせするためだ」と打ち明けます。

記者の笹川神由が東京地検で閲覧した薗浦健太郎・元衆議院議員の元秘書の供述調書。薗浦事務所は裏金を「隠したい会食代」や「法定費用を上回る選挙費用」として支出し、「選挙資金に充てるため簿外でプール」したことが記されていました。

安倍派参議院議員の「不記載」額

	参議院議員	2018年	2019年	2020年	2021年	2022年
2019年改選	橋本聖子	202万円	1566万円	289万円		
	世耕弘成	102万円	604万円	360万円	476万円	
	堀井 巌	102万円	308万円	116万円	198万円	152万円
	丸川 珠代	6万円	304万円	100万円	195万円	217万円
	西田 昌司	35万円	142万円	126万円	68万円	40万円
	石井 正弘	48万円	132万円	84万円	42万円	72万円
	赤池 誠章	10万円	160万円	38万円	32万円	28万円
	太田 房江	40万円	158万円	16万円		
	酒井庸行		54万円	2万円	2万円	
2022年改選	末松 信介	2万円		40万円	132万円	410万円
	佐藤 啓	36万円	32万円	22万円	2万円	214万円
	江島 潔	12万円	28万円	38万円	62万円	140万円
	松川 るい		10万円	58万円	48万円	88万円

・自民党「派閥による政治資金パーティーに関する全議員調査結果」より
塩川鉄也事務所作成

「法定費用では選挙はできない」

04年に発覚した「日歯連（日本歯科医師連盟）事件」。その公判で平成研究会（現茂木派）の元会計責任者は、裏金を何に使ったのかと問われ衝撃的な証言をしました。

――「法定費用で選挙ができないのは永田町の常識」、01年の参議院選挙で裏金から4億数千万円を支出した。

安倍派では参議院選挙の年に改選議員のパーティー券販売ノルマが免除され、全額キックバックしたとされます。日本共産党の塩川鉄也衆議院議員の事務所が作成した資料（図）でも、改選の年だけ収支報告書の不記載＝裏金額が多くなっているのは一目瞭然です。

特捜部が立件した国会議員の事件の罪名を調べると、企業との癒着による収賄容疑や、選挙区内の有権者に現金を渡す公選法違反の罪がほとんどです。赤旗日曜版のスクープがもとで立件された薗浦氏も、企業と癒着して裏金をつくり選挙に充てていました。今回の裏金事件で立件された堀井氏も、裏金を違法な香典に充てていました。

上脇博之・神戸学院大学教授は指摘します。

「自民党は20年以降だと、政党助成金を毎年160億円受け取っています。使わずにため込んだ額は200億円を超えており、政治資金はあるのです。政治資金がほしくて裏金をつくるのではなく、裏金が欲しいのです」

巨額の裏金が選挙に使われていたとすれば、金の力で選挙をゆがめるという民主主義にとっての重大問題です。

資料　2024年3月10日・17日合併号

スクープ　公選法違反疑惑
自民・世耕前参議院幹事長、有権者に高級洋菓子

自民党の世耕弘成・前参議院幹事長（和歌山選挙区）が2023年、選挙区内の有権者に、会員しか入手できない高級洋菓子を渡していた疑いが編集部の取材でわかりました。公職選挙法は、政治家による選挙区内の人への金銭や物品の提供を禁じています。世耕氏は21～22年にかけ問題の洋菓子を、派閥の政治資金パーティーでキックバック（還流）された裏金で大量に購入しています。

洋菓子の提供を受けていたのは、和歌山市で木材加工などを行うA社の取締役。18～22年に計460万円を世耕氏の資金管理団体「紀成会」に献金する有力後援者です。

取締役は自身のブログ（23年11月30日付）に、都内の高級ホテルの個室で世耕氏と「二人きり」で会食した際、有名な高級洋菓子店のクッキーをもらった、と記載。「クッキー缶を片手に銀座のクラブに立ち寄りました」「ホステスのみんなからは今まで聞いたことのないような歓声が。不思議議がる私に彼女たちは『このクッキー缶、予約で1年待ちはざらなんですよ』と教えてくれた」とし、「クッキー缶のおかげで今夜はヒー

ロー。世耕先生、ありがとう」と書いています。

公民権5年停止

公選法第199条の2は、現職の政治家や候補者は選挙区内の有権者に寄付をしてはならないと規定。刑が確定すれば当選無効となり、原則5年間の公民権停止となります。

小野寺五典元防衛相は00年、線香を選挙区内で配って公選法違反罪で罰金と公民権停止3年の略式命令を受けています。

編集部の取材にA社は「取締役に確認した。会食の際に世耕議員からクッキーを1缶もらったのは事実。取締役は和歌山市在住だ」と答えています。

18年から5年間で安倍派からの1542万円を裏金化していた世耕氏。資金管理団体は24年2月29日付で政治資金収支報告書（20～22年分）を訂正。支出として「贈答品代」などを追記しました。

しんぶん 赤旗 日曜版 2024年3月10日・17日合併号

有権者に高級洋菓子

自民・世耕前参院幹事長

スクープ 公選法違反疑惑

自民党の世耕弘成・前参院幹事長（和歌山選挙区）が2023年、選挙区内の有権者に、会員しか入手できない高級洋菓子を渡していた疑いが編集部の取材でわかりました。公職選挙法は、政治家による選挙区内の人への金銭や物品の提供を禁じています。世耕氏は21～22年にかけ同種の洋菓子を、派閥の政治資金パーティーでキックバック（還流）された裏金で大量に購入しています。

公民権5年停止

過去には裏金で購入

クッキー缶のおかげで今夜はヒーロー。世耕先生、ありがとう。

取締役は自身のブログに、世耕氏からクッキー缶をもらったと記載し感謝をのべていました（画像は一部加工）

世耕氏の訂正後の収支報告書（21年分）。定期的に洋菓子店に「贈答品代」として支出し、計12万6千円を追記しています（画像は一部加工）

2024年3月10日・17日合併号

訂正後の収支報告書によれば、問題の高級洋菓子店に定期的に支出。21年に計12万6000円、22年に計25万2000円を追記しています。訂正以前には同店への支出の記載はありません。

世耕事務所は、会食は取締役からの「ご招待」で、「事前に会食費用の分担を申し出たが固辞されたため、会食費用を一部負担する趣旨で、クッキー缶を会食の場に持参し、お渡しした。違法な寄付に該当するものではない。あくまでも世耕議員が個人として用意したものであり、紀成会とは何の関係もない」としています。

ホテルのホームページによると、ディナーコースの費用は3万〜約7万円。個室は別途、2万2000円の費用がかかります。最低でも5万円以上の費用を取締役が負担したことになります。他方、世耕氏が渡したクッキー缶は「8000円」（世耕事務所）でした。

洋菓子店のホームページによれば、商品の購入には顧客登録と予約が必須。自民党関係者は「政治家御用達として有名な店で、予約でも半年から1年ほど待つ」といいます。資金管理団体で定期的に購入していたのに、別途、「個人で購入した」との説明は不自然です。世耕氏の国会での説明が求められます。

資料 2024年3月24日号

自民・世耕前参議院幹事長新疑惑

クッキー贈与の相手を〝重点支援企業〟に選定

日曜版のスクープで、選挙区内の有権者に高級洋菓子店のクッキーを渡した公職選挙法違反疑惑が浮上している世耕弘成・自民党前参議院幹事長（和歌山選挙区）に新疑惑です。世耕氏が経済産業相在任中の2018年、クッキーを渡した人物が代表だった企業を、同省の「重点支援」制度の対象に選んでいたことが編集部の調べで判明しました。この人物は選定された18年、選定した世耕氏側に112万円を献金していました。

私費でも公選法違反　上脇教授が刑事告発

23年11月、世耕氏との会食の場で高級洋菓子店のクッキーをもらった——。自身のブログにこう書いていたのは、和歌山市内で木材加工などを行うA社の取締役。世耕氏の選挙区である和歌山市在住です。

公職選挙法第199条の2は、現職の政治家や候補者は選挙区内の有権者に寄付をしてはならないと規定。刑が確定すれば当選無効となり、原則5年間の公民権停止となります。

24年3月14日の参議院政治倫理審査会。世耕氏は「私が個人的に用意したクッキーを使っているので、資金管理団体とは一切関係がない」と説明しました。

「世耕氏は自分でクッキーを渡したことを認めており、外形的には公選法違反だ」と指摘するのは神戸学院大学の上脇博之教授。「原資がポケットマネーであれ政治資金であれ、公選法違反にあたる可能性がある」と語ります。上脇教授は公選法違反などの疑いで世耕氏らを東京地検に刑事告発（24年3月15日付）しました。

選定企業の当時の代表　当時含め820万円献金

世耕氏が経産相在任中（16年8月～19年9月）の17年度に始まった「地域未来牽引《けんいん》企業」制度。世耕氏は経産相だった18年12月25日、A社を制度の対象に選定しました。経産省の資料にはA社の代表として、取締役の名前が記されていました。

同制度の対象に選定されると、「ものづくり補助金」や「ＩＴ導入補助金」などの審査で加点や配慮などの優遇があり、税制面での支援もあります。経産省は「選定のメリット」として①企業のブランド価値向上②重点支援策が受けられる③課題解決の相談などができる――としています。世耕氏自身も国会で「補助金とかいろいろな優遇、はっきり言うとえこひいきも受ける」（18年4月6日、衆議院経済産業委員会）と説明していました。

和歌山県によると、18年9月に同県がA社を経産省に推薦しました。経産省によれば、自治体や経済団体などから推薦を受けた企業は、有識者による評価結果をもとに経産省が審査し選定の是非を判断。それを踏まえて「経済産業大臣が、選定する」（選定実施要領）といいます。

取締役は、13〜22年に計８２０万円を世耕氏の資金管理団体に献金している有力後援者です。

多額の献金をする有力後援者の企業を、「えこひいき」を受ける制度の対象に選んだ経緯について、国会での説明が求められます。

編集部の取材にA社は「わかる者がいない」。世耕事務所は期限までに回答しませんでした。

資料 2024年3月31日号

スクープ　海外での会食に裏金使用、萩生田自民前政調会長

領収書ゼロ、20、21年分　虚偽訂正か

「担当者が廃棄」考えにくい　本人が私的流用した疑いも

裏金事件を受け、政治資金収支報告書を訂正した自民党の萩生田光一・前政調会長。裏金の使途として追記した海外での交際費、9件計約80万円（2020年、21年分）の領収書を選挙管理委員会に提出していなかったことが編集部の調べでわかりました。識者は「領収書がなければ真実だという証明にならない。訂正が虚偽の疑いもある」と政治資金規正法違反の疑いを指摘。ウソをつくと偽証罪に問われる証人喚問で真相を明らかにする必要があります。

22年までの5年間で安倍派からキックバック（還流）された政治資金パーティーのノルマ超過分、計2728万円を裏金化していた萩生田氏。24年2月2日付で、自身が代表の「自民党東京都第24選挙区支部」の3年分の収支報告書（20～22年分）を訂正し、裏金の使途として海外での交際費など計29件、計約290万円を追記しました。

編集部は情報公開請求で、このうち2年分（20、21年分）の領収書の写しを入手しました。

萩生田氏は会見（24年1月22日）や自身のブログで、還流分の主な使途は①国会議員、外国要人、マスコミ関係者等、有識者との会合②大臣や政調会長としての海外出張時の要人面会などでの贈答品や会合費――と説明。「派閥事務局から還付金については収支とも記載を禁じられていたため、担当者が使途に悩んだ挙げ句、会合費と外遊時の経費にのみ支出していた」とし「私的流用や不正な支出はない」と主張しました。

領収書については「（担当者が）

2024年3月31日号

支出についてはメモとして保存していたが、メモを作成後に領収書やレシートなどは廃棄してしまったものもあり、すべてを整えることはできない」（会見）、「中には廃棄・亡失したケースもあった」（ブログ）と説明していました。

しかし20、21年分の裏金の使途として新たに追記した海外での交際費9件、計約80万円分に関する領収書は1枚もありませんでした。萩生田氏側の提出資料には「領収書の受領を失念したため」と記されています。

裏金の使途はすべて萩生田氏が文部科学相在任中の海外出張中のもの。20年の2件は1月のシンガポール渡航時で、21年の7件は8月のイタリア、米国歴訪の際でした。2度の渡航時の領収書がいずれもすべてないというのは、にわかに信じられません。しかも、イタリアでの支出先のうち1件は、店名でなく、単なる観光名所の名前を記載していました。

神戸学院大学の上脇博之教授は「萩生田氏は結局、領収書などの資料を何も提出できなかったため、20、21年分の裏金支出については何の証明もできていない」と指摘します。

政治資金規正法は国会議員関係政治団体について、すべての支出に関する領収書を徴収し、収支報告書の公表から3年間保存するよう義務づけています。人件費を除く1件1万円超の支出については、金額や支出先などを収支報告書に記載し、領収書の写しを都道府県の選挙管理委員会などに提出する義務があります。領収書の写しを提出しなかった者は5年以下の禁錮か100万円以下の罰金に処すると規定。領収書の徴収・保存義務違反には3年以下の禁錮か50万円以下の罰金という罰則があります。

総務省自治行政局政治資金課は「故意か重大な過失により違反した場合は、罰則の対象となる」と説明します。

上脇教授は、担当者が領収書を廃棄・亡失したという萩生田氏の説明に疑問を呈します。「罰則のリスクがあるのに担当者が勝手に領収書を廃棄したというのは考えにくい」

それだけではありません。

訂正した年以外、海外支出不記載

萩生田氏の関連3政治団体の11年以降の収支報告書を調べてみると、海外での支出を記載しているのは、裏金事件を受けた今回の訂正（20～22年分）だけ。それ以外での海外での支出は、どこから支出していたのか。疑問が次々と出てきます。

上脇教授は「海外で使ったことを裏付ける領収書がないのだから、萩生田氏本人が裏金を私的流用していた疑いも排除できない。萩生田氏は真実を証明する資料を示して説明すべきだ」と語ります。

萩生田事務所は、イタリアの観光名所への支出は入力時のミスとし、「後日訂正する」と説明。その他の質問には回答しませんでした。

上脇教授「裏金訂正は罪の自白、次々告発」真相解明へ本番はこれから

安倍派を中心に裏金を受け取っていた議員らはいっせいに収支報告書を訂正しています。

日曜版のスクープを受け、主要派閥の幹部らを東京地検に刑事告発した上脇教授。「安倍派が収支報告書を訂正したことで、どの議員が、いくら裏金を受け取っていたかが明らかになりました。収支報告書の訂正は、私にとって〝罪の自白〟です。今後、〝罪の自白〟をした自民党議員らを順次、告発していく」と語ります。

上脇教授は萩生田氏らを24年3月22日付で政治資金規正法違反（虚偽記入など）の疑いで東京地検に告発。計1542万円を裏金化した世耕弘成・前党参議院幹事長らも同法違反容疑などで告発（24年3月15日付）しています。

検察が不起訴にした場合、上脇教授は検察審査会に審査を申し立てる予定です。検審が「起訴相当」と2度議決すれば強制起訴され、公判が開かれます。

「特捜部のように金額を基準に立件の線引きをすると本質を見誤ってしまう」と上脇教授。「裏金をつくること自体が規正法違反の犯罪行為。今回の事件は、自民党の派閥と所属議員が組織ぐるみで約5億8000万円もの裏金をつくった事件だ。個々の議員

の違法行為が問われた過去のものとは性質が異なる。検察は金額の多寡で線引きをするのではなく、組織ぐるみで裏金をつくったという本質をとらえて判断すべきだ」と指摘します。

「捜査は終結したとの報道もありますが、事件はまだ終わっていません。真相解明はこれからです」

資料 2024年5月12日号

裏金問題　「不起訴処分」ありえない

萩生田氏の新たな疑惑の証拠入手　世耕氏も「不起訴処分」

1000万円以上の裏金を受け取っていたのに、不起訴処分なんてありえない――。検察の判断に国民から怒りの声があがっています。東京地検特捜部は、安倍派からのキックバック（還流）を政治資金収支報告書に記載しなかったとして政治資金規正法違反容疑で刑事告発された自民党の萩生田光一・前政調会長と、世耕弘成・前参議院幹事長＝自民党離党＝ら8人全員を不起訴処分としました（2024年5月2日）。

還流を受けた議員側の不起訴処分は初めて。しかし編集部の調べで両氏には次々に疑惑が……。

萩生田氏の新たな疑惑の証拠入手　「裏金は現金保管」のはずが、なぜかカードで支出

24年3月、神戸学院大学の上脇博之教授が両氏らを政治資金規正法違反の疑いで告発しました。東京地検は、萩生田氏と世耕氏については証拠が足りないとして「嫌疑不十分」としました。萩生田氏の当時の秘書と世耕氏の資金管理団体の会計責任者については政治資金規正法違反の罪の成立を認めた上で「起訴猶予」に。事務所スタッフ4人は「嫌疑不十分」としました。

22年までの5年間の裏金受領額が計2728万円にのぼる萩生田氏。裏金は「現金で保管していた」と24年1月22日の会見で説明しました。派閥のパーティー収入は事務所の担当者が開設した銀行口座で管理。「毎回、銀行口座を使用して入金管理を行っていたのでパーティーごとに口座残高をゼロ円にする必要があった」というのが、現金で保管していた理由です。20～22年の3年間はノルマ分だけを派閥側に振り込み、残った資金は口座から引き出して「担当者が自分の机の鍵付きの引き出しで保管していた」といいます。ところが――。

編集部は情報公開請求で、萩生田氏側が裏金の使途として提出した「自民党東京都第

24選挙区支部」の領収書の写しを入手。そのなかに、国内での会食費などとして「クレジットカードにてお支払い」「カードご利用分」と書かれ「再発行」された領収書が5枚、計約72万円分（20～22年分）ありました。

クレジットカードの支払いは、カード会社に登録した金融機関の口座から引き落とされる仕組み。萩生田氏の「（裏金は）現金で保管していた」との説明と矛盾します。

2024年5月12日号

萩生田氏側は裏金事件を受け、24年2月2日付で収支報告書を訂正。その際に裏金の使途として追記した20、21年分の海外での交際費9件、計約80万円分に関する領収書を1枚も提出していないことを日曜版（24年3月31日号）は報じています。

上脇教授の告発後の24年3月29日付で収支報告書を再度訂正した際、「事務所での精査が終わった」（ブログ）と説明した萩生田氏。ところが不起訴処分が出た24年5月2日の前日、1日付でまたも収支報告書を訂正しています。

萩生田事務所は期限までに回答しませんでした。

有権者に高級菓子贈答　世耕氏も「不起訴処分」

22年までの裏金受領額が計1542万円の世耕氏。選挙区内の有権者に高級洋菓子店のクッキーを贈ったことや、同店から裏金で「贈答品」を購入していたことを日曜版（24年3月10・17日合併号）がスクープ。参議院政治倫理審査会（24年3月14日）で追及された世耕氏は「私が個人的に用意したクッキー」と説明しました。これらを受けて上脇教授は世耕氏を公職選挙法違反容疑でも告発していました。これについても東京地検は「嫌疑不十分」で不起訴としています。

上脇教授は今後、両氏について検察審査会に審査を申し立てる方針。検審が「起訴相当」と2回議決すれば、強制起訴になります。

国会でも真相解明が必要。ウソをつくと偽証罪に問われる証人喚問の開催が求められます。

17　すべてを知る人物

「私は、来たる総裁選には出馬いたしません」。2024年8月14日、岸田文雄首相は突然、記者会見を開き、事実上の退陣を表明しました。メディアは「『裏金』逆風やまず引責」（毎日新聞同年8月15日付）と報じました。日本共産党の小池晃書記局長は「国民の怒りの広がりに追い詰められた結果だ」と指摘しました。

「日曜版にやられた」（自民元閣僚）

自民党の閣僚経験者は日曜版編集長の山本豊彦に話しました。「日曜版にやられた。岸田さんは、裏金問題をあまりにも甘く見すぎていた」

その後の自民党総裁選でも9候補のうち一人も、裏金問題の再調査を口にしませんでした。新総裁、新首相となった石破茂氏は、安倍派の裏金議員のほとんどを衆議院選挙で公

岸田氏の退陣表明を報じた新聞各紙（2024年8月15日付）

認しました。

メディアも「組織性、継続性、故意性の観点で、戦後政治の中で最悪の不祥事」（朝日新聞24年1月20日付）と書く裏金事件。特定の議員の事件でなく、自民党の組織的犯罪であるにもかかわらず、誰がいつ、この裏金システムをつくりあげたのか、未解明のままです。

裏金事件を受けた自民党による安倍派と二階派の議員への「聴き取り調査報告書」（2月15日公表）。派閥パーティーの収支を政治資金収支報告書に記載しない裏金処理について「場合によっては20年以上前から行われていたことも窺《うかが》われる」としています。

森派　「氷代」「もち代」の名目で裏金づくり

20年前の04年、「赤旗」社会部記者だった編集長の山本は、「森派、年1億円支出記載せず」（「赤旗」04年9月10日付。188ページ資料）という記事を書きました。安倍派の前身で当時、森喜朗元首相が会長だった森派（清和政策研究会）の裏金づくりをスクープしたのです。

当時、自民党の各派閥は夏に「氷代」、冬に「もち代」という名目で若手・中堅議員を中心に1人あたり100万～400万円ほどを支給していました。派閥だけでなく自民党本部も衆参両院の議員に直接、1人あたり300万～500万円を支給していました。

森派も「氷代」「もち代」として各200万円、年間1億円程度を所属議員に配っていました。しかし1999～2003年の5年間の森派の政治資金収支報告書には、「氷代」「もち代」の支出の記載はありません。所属議員の収支報告書にも派閥からの「氷代」「もち代」の収入の記載はありません。今回、明らかになった安倍派などが派閥パーティーのノルマ超過分のキックバック（還流）を裏金処理していたのと同じやり方です。「赤旗」スクープは大手メディアも追い、国会でも取り上げられました。

日歯連事件　会計責任者の〝爆弾証言〟

「赤旗」が「氷代」「もち代」の不記載を報じてから半年後、東京新聞（05年3月10日付）が「パーティー券収入裏金化か／ノルマ超過分　若手に還元／森派、収支報告せず／共同通信調べ」という配信記事を掲載。多くの新聞社もこの記事を掲載しました。記事では関係者の証言をもとに、ノルマを超えて派閥パーティー券を販売した若手議員に、派閥幹部が「氷代」200万円とともにキックバック分も手渡したと報じていました。

派閥の政治資金パーティーを舞台とした裏金づくりが自民党の主要派閥で最初に表面化したのは、現在の茂木派、「平成研究会」でした。04年春に発覚した「日歯連事件」。日本歯科医師連盟（日歯連）から平成研（当時、旧橋本派）への1億円のヤミ献金が判明しました。山本も取材にあたりました。事件では、平成研の会長代理だった村岡兼造・元内閣官房長官と会計責任者が起訴されました。

事件の公判で会計責任者は、平成研の政治資金パーティー収入の処理について「パーティー収入のうち、現金で販売した1億数千万円は金庫に保管し、裏金として使った」と〝爆弾証言〟をしました。今回の裏金事件で茂木派が立件されなかったのは、過去に痛い目にあい、パーティーでの裏金づくりをやめていただけなのです。

日歯連事件では、自民党本部の政治資金のキーパーソンの存在が明らかになりました。自民党本部の事務方トップ、元宿《もとじゅく》仁事務局長（現、事務総長）です。

自民党本部の関与裏付け

05年3月2日の衆議院予算委員会。日本共産党の穀田恵二議員（当時）は、献金した側や受け取った側の公判での証言をもとに、元宿氏が、日歯連から平成研への献金の額の決定から、その献金の処理方法まで相談にのっていたことを明らかにしました。「自民党本部の関与を裏付ける新たな証言だ」と述べ、派閥や個人の問題ですまされるものではないとして元宿氏らの証人喚問を求めました。

衆院予算委締めくくり質疑

ヤミ献金は自民の問題
穀田議員　橋本氏ら喚問求める

日本歯科医師連盟（日歯連）から自民党旧橋本派（平成研究会）への一億円ヤミ献金事件をめぐり、日本共産党の穀田恵二衆院議員は二日の衆院予算委員会締めくくり質疑で、日歯連関係者の新たな公判証言などをもとに「橋本派や個人の問題ですまされない自民党自身にかかわること」と小泉純一郎首相を追及しました。

穀田議員は、同事件について、国会では「全容が解明されず、政治的道義的責任がいまだに明らかにされていない」と指摘しました。

そのうえで、自民党の元宿仁事務局長が、日歯連からの献金の額の決定から処理の方法にいたるまでずっと相談にのっていたことを、献金した側の臼田貞夫前会長ら、受け取った側の滝川俊行平成研元会計責任者が証言していることを紹介。「自民党本部の関与を裏付ける新たな証言だ」と主張し、一億円授受の場にいた橋本龍太郎元首相、野中広務自民党元幹事長、青木幹雄同党参院議員会長に加え、元宿氏の証人喚問を要求しました。

穀田議員はまた、パーティー券の売り上げや派

質問する穀田恵二議員＝2日、衆院予算委員会

派閥パーティーの裏金化の政府解明を求める穀田氏（2005年3月3日付「赤旗」）

〝パーティー券の売り上げなどを裏金処理し、それを選挙に使っていた〟とする平成研元会計責任者の公判での証言を示した穀田氏。「自民党本部もかかわって、法を無視して裏金をつくり、その裏金を使って選挙を行う。公正であるべき選挙が、金の力でゆがめられたとしたら

民主主義の根幹にかかわる重大問題ではないか。この実態の解明こそ求められているのではないか」と厳しく指摘しました。日本共産党の国会議員団は20年近く前から、派閥パーティー券をめぐる裏金事件を追及してきたのです。

裏金づくりの歴史を調べるため過去の記事や国会質問を徹底的に調べていた日曜版デスクの山田健介と記者の笹川神由。自民党本部の政治資金のキーパーソン・元宿氏の存在に注目しました。

………………………………

「赤旗」日曜版2022年11月6日号で自民党派閥パーティーの大量不記載スクープが出た直後、日曜版編集長の山本豊彦に自民党関係者から電話がありました。「自民党本部の中枢が、〝共産党が派閥パーティーをつぶそうとしている〟と恐れている。本当か」。山本は「自民党がなぜ、あの記事をそこまで気にするのか、と不思議に思った」と振り返ります。

日曜版スクープに反応

日曜版のスクープを受け、自民党本部は直ちに水面下で動きました。その痕跡はメディアの報道に残されています。

「法令違反の指摘を受けたのは22年11月、共産党の機関紙『しんぶん赤旗』が安倍派を含む自民5派閥についてパーティー券収入が過少に記載されている疑惑を報道した後。自民のコンプライアンス担当の弁護士が、安倍派側に対して法令違反の疑いを指摘したという」（毎日新聞23年12月23日付）。

東京地検特捜部が裏金事件で安倍派（清和政策研究会）の事務所を強制捜査（23年12月19日）する1年以上前から、自民党本部が安倍派の裏金処理を把握していたことをうかがわせます。

このことは、政治ジャーナリストの田﨑史郎氏のコラムからも裏付けられます。

「今回の政治資金パーティーを巡る疑惑がいずれ噴き出すことは知る人ぞ知る話だった。昨年（22年）11月、『しんぶん赤旗』日曜版が報じて以来、自民党本部事務方トップは警戒感を抱き、岸田に早期解散を進言していた」（四国新聞23年12月17日）。

日曜版報道に警戒感を抱いた「自民党本部事務方トップ」とは元宿仁・自民党本部事務総長のことです。首相動静によれば、日曜版が大量の不記載について自民党各派閥に質問状を出した22年10月27日以降、24年9月13日までに元宿氏と首相だった岸田文雄氏は計16

回も面談しています。裏金事件について、どんな突っ込んだ話がされたのか。日曜版スクープに敏感に反応し、首相の岸田氏に進言できる元宿氏とはどのような人物なのか――。

〝表〟も〝裏〟も知る金庫番

財界献金を仕切ってきた元経団連副会長兼事務総長（退任後は経団連相談役）の花村仁八郎氏（故人）に食い込むことで頭角をあらわした元宿氏。企業・団体献金の受け皿となっている自民党の政治資金団体・国民政治協会（国政協）の経理処理を担当してきました。00年9月に経理部長兼任で党本部事務局長に就任し、06年には新設された事務総長ポストに就きました。企業・団体献金という〝表のカネ〟とともに〝裏のカネ〟も知る、いわば自民党の〝金庫番〟。「カネで困ったことがあれば、みんな元宿さんに相談にいく。だから総理や幹事長も元宿さんには一目置いていた。〝影の幹事長〟と呼ぶ人もいた」と自民党関係者は明かします。

元宿氏の存在が注目されたのは04年に発覚した日歯連（日本歯科医師連盟）事件。旧橋本派（平成研究会）への1億円ヤミ献金だけでなく、「迂回《うかい》献金」への関与も浮上し、当時、特捜部から話を聞かれています。

企業や団体から直接、議員が多額の献金を受けると、贈収賄の罪に問われる危険があります。そのため、国民政治協会や自民党本部を経由（迂回）させる形で議員に資金提供するのが迂回献金です。自民党が長年、疑惑隠しに使ってきた手口で、日歯連事件でも迂回献金で、複数の自民党議員に日歯連からの資金提供がおこなわれました。

日歯連の迂回献金に関与していたとして特捜部は元宿氏を聴取したものの不起訴処分に。しかし検察審査会は不起訴不当議決を出しています（検察は再捜査後、再度不起訴処分）。

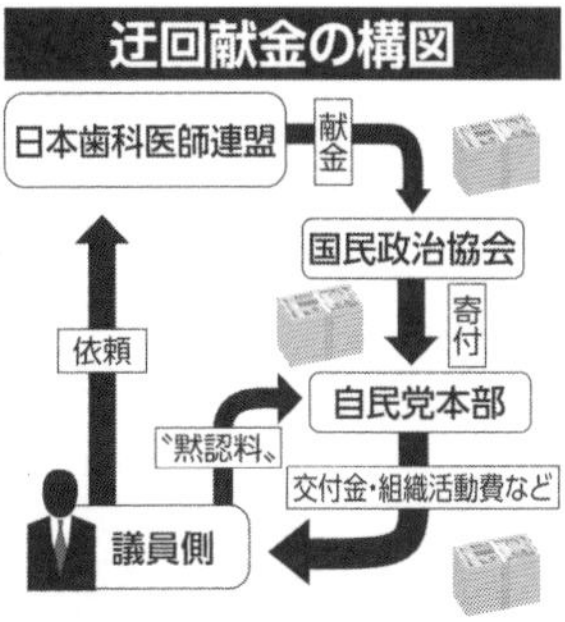

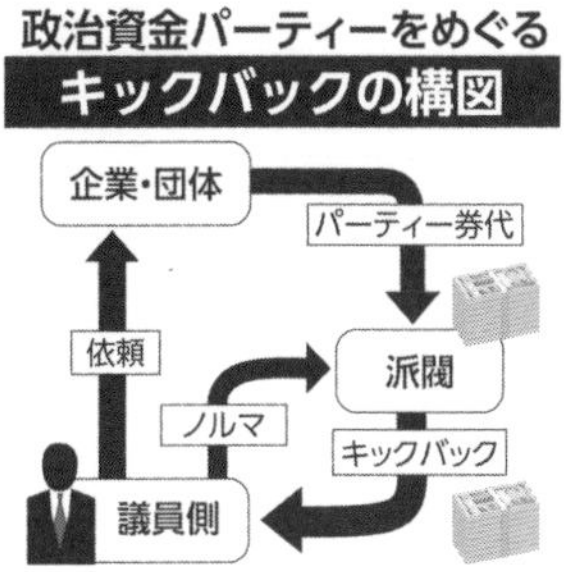

自民党内では「指定寄付」「指定献金」などとも呼ばれていた迂回献金。当時、「赤旗」社会部記者だった山本の取材に、複数の自民党関係者がこう証言しています（「赤旗」04年9月21日付。190ページ資料）。

――議員から党本部に「A企業からこれだけの金額が振り込まれるが、これはおれの口座に入れてくれ」と連絡する。また、企業も「これだけ振り込むので、これだけの金額はB代議士にまわしてほしい」と相手先を指定する。その結果、国政協から自民党本部に回り、党本部から組織活動費や交付金などの名目で議員に渡る。このシステムに一番くわしいのは元宿氏だ。

――なぜ指定献金を使うかといえば、政治資金規正法違反や賄賂として摘発されないためだ。献金額の制約を超える場合、献金企業とのつながりを隠したい場合がある。職務権限とのかかわりもある。指定献金にすれば、いったん党に入り、出所もわからない。いっさいは闇のなかだ。これは自民党の〝英知〟だ。

「すべてを知るキーパーソン」

自民党関係者は「自民党派閥の政治資金パーティーの裏金事件では、まだ解明されていないことが多い。派閥パーティーが〝迂回〟に使われているケースもある」と明かします。

「議員が直接、多額のパーティー券を企業に買ってもらうと目立つ。そのため企業に派閥のパーティー券を購入してもらい、議員は派閥からキックバックの形でカネを還流してもらう。企業が議員に直接資金提供しないため、摘発されにくい点で迂回献金と同じだ。政治資金パーティーを使った議員へのキックバックは派閥だけでなく、自民党の地方組織もやっている。そのすべてを知っているのは、元宿氏だけだ」

首相の顔を変えても、裏金の再調査も、企業・団体献金禁止もやろうとしない自公政権。

日曜版取材班はこれからも、カネの力で政治をゆがめる「政治とカネ」問題の追及の手をゆるめません。

資料 しんぶん赤旗日刊紙2004年9月10日付

森派、年1億円支出記載せず
「もち代」「氷代」を5年間　小泉会長時も

自民党森派の清和政策研究会（会長・森喜朗元首相）が、所属議員に配る「もち代」「氷代」の支出、年間一億円前後を少なくとも五年間にわたり、政治資金収支報告書に記載していなかったことが九日までの本紙調べでわかりました。森派は小泉純一郎首相、安倍晋三幹事長の出身派閥。不記載は小泉首相が派閥会長時代にも続いており、政治資金規正法違反の疑いも浮上しています。

二〇〇四年九月十日付で公表された二〇〇三年政治資金収支報告書をはじめ、本紙が原本を確認した一九九九年―二〇〇三年までの五年間、清和政策研究会の報告書には、「氷代」「もち代」にあたる記載がありません。

しかし、関係者によると、森派は通常年二回、お盆と年末に「氷代」「もち代」として各二百万円程度を所属議員に配っています。対象は衆議院当選三回生までと、参議院の一回生。総額は年間一億円前後といいます。

森派議員の政治資金を担当している秘書は「毎年もらっていたのは間違いない」と証

言しました。森派関係者は、支出不記載について、本紙の取材に「記載されていなかったのは事実だ」と認めたうえで、「派閥のなかで問題を指摘する声はあったが幹部が是正しなかった」と語っています。

政治資金規正法では、一件あたりの金額が五万円以上の支出については支出先や金額などを明記するように規定。違反した場合は、五年以下の禁錮または百万円以下の罰金となっています。

しんぶん赤旗
2004年 9月10日 金曜日
日刊第19336号
発行所 日本共産党中央委員会

森派、年1億円支出記載せず

政治資金報告書

「もち代」「氷代」を5年間

小泉会長時も 規正法違反の疑

企業・団体献金が

自民、民主 政党助成

2004年9月10日号

「もち代」「氷代」については、現在、自民党の旧橋本派（平成研究会）、亀井派（志帥会）、堀内派（新財政研究会）などでも政治活動費の寄付・交付金として所属議員の政治団体に支出したことを記載しています。こうしたなかで、森派はいっさい記載していないのが特徴です。

日本歯科医師連盟からの一億円ヤミ献金が問題になっている自民

党旧橋本派も、九四年から九九年までは「もち代」「氷代」を記載せず、ウソの繰越金を収支報告書に記載し続けていました（本紙〇四年八月二十九日付）。
本紙は、清和政策研究会に事実関係を指摘したうえで、コメントを求めましたが、九日までに回答がありませんでした。

清和政策研究会

一九九八年十二月、森喜朗元首相が三塚博元蔵相から引き継いだ派閥を清和政策研究会とし、会長に就任しました。小泉首相は二〇〇〇年四月から一年間会長で、〇一年の総裁選の際、派閥から離脱しました。細田博之官房長官なども所属しています。現在、自民党では旧橋本派につぐ議員数です。

資料 しんぶん赤旗日刊紙2004年9月21日付

“洗浄”システム知る男

自民党が財界に献金を要請するとき、実際の仕切り役はこの人物――。そういわれるのが自民党本部の事務局長、元宿仁氏です。

元宿氏は、財界から自民党への献金システムをつくった元経団連副会長兼事務総長（退任後経団連相談役）の花村仁八郎氏（故人）に見込まれ、三十数年、自民党経理畑で活動してきました。二〇〇〇年九月に経理部長兼任で党本部事務局長に。党本部献金システムの全貌を知り、党総裁の選挙応援にも大きなかばんを抱えてつきそう、と自民党関係者が語ります。

闇の政治資金 ―2―

迂回（上）

"洗浄"システム知る男

自民党が財界に献金要請するとき、実際の仕切り役はこの人物―。」そういわれるのが自民党本部の事務局長、元宿（もとじゅく）仁氏です。

元宿氏は、財界から自民党への献金システムをつくった元経団連副会長兼事務総長（退任後経団連相談役）の花村仁八郎氏（故人）に見込まれ、三十数年、自民党経理畑で活動してきました。二〇〇〇年九月に経理局長兼任で党本部事務局長に。党本部献金システムの全ぼうを知り、党総裁の選挙応援にも大きなかばんを抱えてつきそう、と自民党関係者が語ります。

特捜部の聴取

この元宿氏が、今回、日本歯科医師連盟（日歯連）の不正献金事件を捜査する東京地検特捜部の事情聴取を受けていました。

その大きなテーマが迂回（うかい）献金でした。

日歯連から自民党の政治資金団体、国民政治協会（国政協）→自民党本部→政治家と迂回して流れていたことが発覚したのです。

日歯連会計担当の前専務理事、内田裕丈被告は「国政協への献金の封筒に政治家のあて名を書いた」と供述しました。つまり、国政協への献金のある部分は、最初から特定議員あてだったのに、その経緯を隠すために迂回させたことを認めたのです。

元宿氏は日歯連の要望に応じて献金を迂回させました。なかにはいろいろ性格の問題になった献金もありました。旧橋本派への一億円の闇献金でも元宿氏は、迂回献金とするための相談にのった、と指摘されました。

この手法こそ、自民党が長年、業界の資金を"洗浄"するために使ってきたものでした。迂回献金は自民党内では"指定寄付"「指定献金」などと呼ばれます。過去の新聞報道などでみると、少なくとも一九八〇年には党本部でおこなわれていた、とする記事があります。二十数年以上の"歴史"があり、党本部や国会に巣くっている自民党関係者には周知の手法です。複数の自民党関係者がこう証言します。

――指定献金は私も経験した。議員なら党本部に「A企業からこれだけの金が振り込まれるが、これはわれわれの口座に入れてくれ」と連絡する。また、企業も「これだけ振り込むので、これだけの金額はB代議士にまわしてほしい」と相手先を指定する。その結果、国民政治協会から自民党本部に回り、党本部から組織対策費や交付金などの名目で議員に渡る。このシステムに一番くわしいのは元宿氏だ（元自民党本部職員）。

――なぜ指定献金を使うかといえば、政治資金規正法違反やわいろとして摘発されないためだ。献金額の制約を越える場合、献金企業とのつながりを隠したい場合がある。職務権限とのかかわりもある。しかし、指定献金にすれば、いったん党にはいり、出所もわからない。いっさいは闇のなかだ。これは自民党の"奥の手"だ（元自民党議員秘書）。

党役員が了承

――指定献金は党役員が了承しているからできる。自民党の役員に相談であっても記録を残す。要求されなくても[illegible]というか、一定額を役員に渡すのは常識だ（元自民党議員秘書）。

その迂回献金に捜査当局がメスを入れようとした事件がありました。一九九三年に表面化したゼネコン汚職。[illegible]で、現在は[illegible]の[illegible]への献金でした。（つづく）

迂回献金が問題になっている自民党本部＝20日、東京・永田町

2004年9月21日号

特捜部の聴取

この元宿氏が、今回、日本歯科医師連盟（日歯連）の不正献金事件を捜査する東京地検特捜部の事情聴取を受けていました。

その大きな

テーマが迂回献金でした。

日歯連から自民党の政治資金団体、国民政治協会（国政協）→自民党本部→政治家と迂回して流れていたことが発覚したのです。

日歯連会計担当の前常務理事、内田裕丈被告は「国政協への献金の封筒に政治家のあて名を書いた」と供述しました。つまり、国政協への献金のある部分は、最初から特定議員あてだったのに、その痕跡を隠すために迂回させたことを認めたのです。

元宿氏は日歯連の要望に応じて献金を迂回させました。なかには賄賂性が問題になった献金もありました。旧橋本派への一億円の闇献金でも元宿氏は、迂回献金とするための相談にのった、と指摘されました。

この手法こそ、自民党が長年、疑惑の資金を〝洗浄〟するために使ってきたものでした。迂回献金は自民党内では「指定寄付」「指定献金」などと呼ばれます。過去の新聞報道をたどってみると、少なくとも一九八〇年には党本部でおこなわれていた、とする記事があります。二十数年以上の〝歴史〟があり、党本部や国会に長くいる自民党関係者には周知の手法です。複数の自民党関係者がこう証言します。

——指定献金は私も経験した。議員から党本部に「A企業からこれだけの金額が振り込まれるが、これはおれの口座に入れてくれ」と連絡する。また、企業も「これだけ振り込むので、これだけの金額はB代議士にまわしてほしい」と相手先を指定する。その結果、国民政治協会から自民党本部に回り、党本部から組織活動費や交付金などの名目で議員に渡る。このシステムに一番くわしいのは元宿氏だ（元自民党本部職員）。

――なぜ指定献金を使うかといえば、政治資金規正法違反や賄賂として摘発されないためだ。献金額の制約を超える場合、献金企業とのつながりを隠したい場合がある。職務権限とのかかわりもある。しかし、指定献金にすれば、いったん党に入り、出所もわからない。いっさいは闇のなかだ。これは自民党の〝英知〟だ（元自民党議員秘書）。

党役員が了承

――指定献金は党役員が了承しているからできる。自民党の役員に事後であっても話を通す。要求されなくても黙認料というか、一定額を党側に渡すのは常識だ（元自民党議員秘書）。

エピローグ　追及はつづく

自民党派閥の政治資金パーティー裏金事件を受けて退陣に追い込まれた岸田文雄前首相。過去最多となる9人の総裁候補のなかから、新総裁に選出されたのは、石破茂氏でした。

総裁候補らの所見発表演説会（2024年9月12日）で石破氏は裏金問題について「きちんとした説明責任を果たし、国民が納得するまで全力を尽くす」と述べていました。ところが首相就任後の記者会見（同年10月1日）で派閥の裏金事件の実態解明の必要性を問われると「新しい事実が出てくれば……」と言葉を濁しました。

会見のテレビ中継をみながら、日曜版編集長の山本豊彦は「だったら新しい事実をつきつけよう」とデスクの山田健介にいいました。山田は「新しい事実なら、もう笹川（神由）くんが見つけています」と答えました。

日曜版は石破氏の首相就任直後の24年10月6日号で、石破氏が代表だった石破派（水月会、同年9月解散）が政治団体「健康保険政治連盟」からのパーティー収入を16～21年までの6年間で計140万円分不記載にしていたことを報じました。

政治資金規正法は、政治資金パーティー1回につき20万円を超えるパーティー券の購入者名や金額を収支報告書の対価の支払い者欄に記載するよう義務づけています。しかし石破派は18～20年、同連盟の支出額よりも毎年20万円少ない金額を収入として記載していました。政治資金規正法違反の疑いがあります。

報道は新政権を直撃しました。石破首相の所信表明演説にたいする衆参の代表質問で日本共産党の志位和夫議長と田村智子委員長

しんぶん赤旗 日曜版 2024年10月6日

スクープ

石破派も「裏金」

"潔白宣言"はウソ　首相替えても新たな疑惑

日本共産党の躍進が政治変える特効薬

2024年10月6日号

が追及。石破首相は「事務局側の確認漏れ」「内訳の金額の誤りで収入総額の誤りは確認されていない」と弁明しました。

日曜版は「石破派裏金疑惑／〝事務的ミス〟はウソ／事務総長経験者が「中抜き」疑い／新たな不記載も判明」（24年10月13日号）と、首相の弁明を覆す新疑惑を報道しました。

石破派が同連盟に発行した領収書に2種類の筆跡があることに気づいたデスクの山田。他の領収書と比較したところ、派閥に所属する議員事務所が発行した領収書の筆跡と酷似していました。

取材班は筆跡鑑定を依頼するとともに同連盟事務局などへ取材。その結果、2種類の領収書を発行したのは、派閥の事務総長経験者である田村憲久元厚生労働相（衆議院三重1区）側と鴨下一郎元環境相（引退）側であることをつきとめました。

18～20年分の収支報告書を提出した石破派の会計責任者（当時）は笹川の取材に「パーティー券の購入者や購入金額は、議員側の申告にもとづき収支報告書に書いている」と説明しました。

この説明が事実なら、田村氏側か鴨下氏側が実際の販売額を派閥に納めず「中抜き」し、自分のフトコロに入れていた疑いが出てきます。安倍派の「中抜き」による裏金づくりの手口と同じ。石破首相のいう「事務的ミス」「収入総額に誤りはない」との弁明は虚偽である疑いが濃厚です。

森山裕自民党幹事長が会長だった森山派（近未来政治研究会、24年4月解散）の裏金疑惑も取材班の調べで判明しました。

2024年10月20日号

政治団体「鹿児島県建設政治連盟」は14～19年まで毎年、森山派のパーティーに各50万円、計300万円を支出していました。しかし森山派の収支報告書には、同連盟の名前や金額が記載されていません。22万円を支出していた別の団体名も不記載になっていました。森山氏は衆議院鹿児島4区選出で同政治連盟と表裏一体の「鹿児島県建設業協会」の顧問も務めていました。同協会は24年の衆議院選挙でも森山氏を推薦するなど深い関係です。

日曜版は「森山派にも裏金疑惑／7年間で322万円不記載／党幹事長・党調査チーム座長なのに」（24年10月20日号）と報じました。

自民党が公表した裏金議員らへの「聴き取り調査に関する報告書」（24年2月15日付）。調査対象の期間は18～22年。議員のほか、「派閥・グループの代表者又は事務総長」も対象に含まれています。

調査結果によると、石破派も森山派も、〝訂正も未計上もない〟と回答していました。これは真っ赤なウソだった疑いがあります。

自民党派閥パーティーの裏金事件が明らかになった後も、日曜版の取材班は独自に麻生派や岸田派、石破派、森山派の疑惑を次つぎにスクープしています。裏金事件が議員個人や個々の派閥だけの問題ではなく、自民党丸ごとの組織的政治犯罪であるとの視点を持って取材してきたからです。

神戸学院大学の上脇博之教授が刑事告発した安倍派の20万円超の明細不記載の額は5年間で計3290万円でした。ところが、実際に検察が捜査し立件した安倍派の虚偽記入額は5年間で6億7503万円にのぼりました。

パーティー券購入の大半は企業によるもの。しかし企業には収支報告書の作成・提出義務がなく、外部からの検証はできません。取材班がパーティー券の大口購入者の不記載を報じたのは、収支報告書の提出義務のある政治団体分だけで、これは〝氷山の一角〟です。石破派、森山派の裏金疑惑もその実態は、さらに膨れ上がる可能性があります。

日曜版記者の取材は続いています。

日曜版「裏金報道」がJCJ大賞受賞

〝田中金脈〟〝リクルート事件〟超えるスケール　「日本の政治を揺り動かした」

日本ジャーナリスト会議（JCJ）は24年9月9日、優れたジャーナリズム活動を表彰する2024年度の「JCJ大賞」に「赤旗」日曜版編集部の「自民党派閥パーティー資金の『政治資金報告書不記載』報道と、引き続く政治資金、裏金問題に関する一連のキャンペーン」を選び、発表しました。日曜版の大賞受賞は20年に続き2回目。

JCJは大賞の選考理由として「『しんぶん赤旗日曜版』の報道は、23年から24年にかけての日本の政治を揺り動かした」と指摘しています。そのうえで「公開されている膨大な政治資金報告書から、一つ一つを地道に積み上げ、検察の捜査にまでつなげ、それが大な政治犯罪であることを明らかにした」と評価。裏金を公表した自民党国会議員が82人にのぼるなど「スケールの点では、1975年の『田中金脈』報道や、88年の『リクルート事件』報道を超えるものだった」と述べました。「『政治資金改革』は、いま、最大の政治的焦点となっている。こうした事態を引き起こしたのは、『しんぶん赤旗日曜版』の報道がなくしてはできなかった」としています。

日曜版編集部は２０１４年に「『ブラック企業』を社会問題化させた一連の追及キャンペーン報道」でＪＣＪ賞を、20年に「安倍晋三首相の『桜を見る会』私物化スクープと一連の報道」でＪＣＪ大賞を受賞。21年には「赤旗」日刊紙が、「菅義偉首相学術会議人事介入スクープとキャンペーン」でＪＣＪ賞を受賞しました。

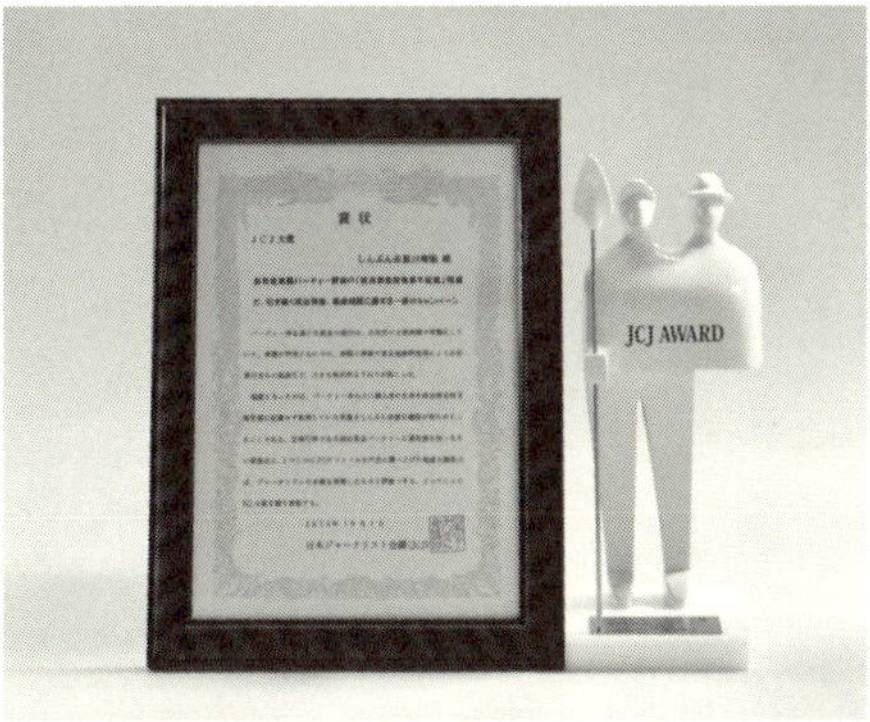

JCJ大賞の賞状とトロフィー

日曜版裏金報道　ＪＣＪ大賞贈賞式

着眼点と調査力を発揮

すぐれた報道を表彰する第67回日本ジャーナリスト会議（ＪＣＪ）賞の贈賞式が東京都内で開かれました（24年10月５日）。「自民党派閥パーティー資金の『政治資金報告書不記載』報道と、引き続く政治資金、裏金問題に関する一連のキャンペーン」で24年度の大賞を受賞した日曜版編集部を代表して、山本豊彦編集長が賞状とトロフィーを受け取りました。日曜版の大賞受賞は20年の「桜を見る会」報道に続き2回目です。

JCJは大賞の選考理由として「『しんぶん赤旗日曜版』の報道は、23年から24年にかけての日本の政治を揺り動かした」と指摘。「公開されている膨大な政治資金報告書から、一つ一つを地道に積み上げ、検察の捜査にまでつなげ、それが大政治犯罪であることを明らかにした」と評価しています。

選考委員の上西充子さん（法政大学教授）は「政治資金パーティーに違和感を持ったその着眼点と、一つ一つのPDFファイルを丹念に調べ上げた地道な調査力はジャーナリズムの本領を発揮したものと評価できる」と講評。「裏金議員を公認するかが問題となるなかで〝ルールを守る自民党〟を売りにしようとしている。だけど、どういうふうにルールを守っていなかったかを私たちは思い出しながら、自民党の人たちの言葉を聞いていかなきゃいけない。そういうタイミングでJCJ大賞を表彰できたのはいいことだし、『しんぶん赤旗』日曜版の報道に注目してほしい」と語りました。

山本編集長は受賞のスピーチで「企業・団体献金も政党助成金ももらわず、歯を食いしばって自前で財政をつくっている日本共産党の機関紙だから追及できたと思っています」と強調。「裏金問題は一部の議員の問題ではありません。自民党の組織的犯罪、『大政治犯罪』であることを、これからもしつこく追及していきます」と述べました。

神戸学院大学の上脇博之教授は記念講演で「報道を国民が知ることで新たなアクションを起こしたり、問題を起こした政党・政治家の評価を変えることができる。ジャーナリズムの精神をもって報道機関が仕事を果たすことは、民主主義になくてはならない」と話しました。

ＪＣＪ賞贈賞式での神戸学院大学・上脇博之教授の記念講演から抜粋
裏金事件化をもたらした「赤旗」報道の際立つすごさ

「しんぶん赤旗」日曜版のスクープ報道（2022年11月6日号）を契機に私が刑事告発をし、（東京地検）特捜部が捜査をして、裏金事件へと大きく発展したわけですが、実は、もうひとつ注目している話があります。

自民党の主要5派閥の裏金の話の中で、麻生派については、実は今まで大きく取りあげられてこなかった。というのも、裏金をつくっているのは安倍派とか二階派が中心でした。

麻生派は裏金づくりをしていないとされていましたが、これも「赤旗」日曜版が、17年以前に麻生派が裏金づくりをしていたとスクープ報道（23年12月10日号）しています。その麻生派の裏金づくりについて、のちに、薗浦健太郎元衆議院議員の元秘書が取り調べを受けるなかで、〝麻生派でも裏金がつくられていた〟と検察官に供述していたということを、刑事確定記録を確認した毎日新聞がスクープ報道（24年9月2日付）しました。

実はこの薗浦氏の事件も、もともとは「赤旗」日曜版がスクープしたものでした。「赤旗」日曜版がまず薗浦氏の〝闇パーティー〟をスクープ報道（21年3月21日号）しました。その報道を受けて薗浦氏側が政治資金収支報告書を訂正したので、私はそれを根拠に刑事告発をしました。

これを東京地検特捜部が捜査した際に、麻生派パーティーの裏金づくりの供述を得た。形式的には時効になっていたのでそこは起訴されず、日曜版がスクープした〝闇パーティー〟の方が起訴されたわけです。

この流れを見ると、「赤旗」日曜版のスクープ報道が続いたことによって、結果的に特捜部の裏金捜査へとつながっていったということが見えてきます。

薗浦氏が22年の年末に略式起訴されたときに、告発者である私に、検察から電話がありました。略式請求を簡易裁判所に行いましたというので私は「え、略式ですか」と言ってしまったんですね。

そしたら、電話をしてきた検察官が、「いや、先生の告発はまだあるじゃないですか」と言うんです。不覚にも私はたくさん告発をしていたもので、どの告発のことかがわからなかった。

あとから考えてみると、その直前に、「赤旗」日曜版のスクープ報道を受けて自民党の主要5派閥の政治資金パーティーの不記載を告発していました。「やっぱりパーティー券つながりだったのか」ということがあとでわかった。「しんぶん赤旗」の報道のすごさというのが、さらに際立っているのではないかなというふうに痛感した次第です。

ＪＣＪ大賞受賞　識者のコメント

調査報道の名、冠するにふさわしい

法政大学第19代総長・名誉教授　田中優子さん

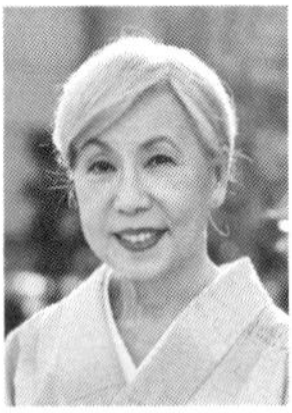

自民党派閥のパーティーをめぐる「裏金事件」を、どこよりも早く、綿密な調査を重ねて報道した。調査報道の名を冠するにふさわしい報道だと思います。

誰も知らない奥の方を明らかにする調査報道を大手メディアはしなくなっています。記者会見をそのまま記事にしたようなものが増えています。

「赤旗」日曜版の報道には、大きな意義がありました。スクープとしてなかなか広がらないことは覚悟の上でも、告発しなければ次につながらない、という意思があります。こうした調査報道を、ちゃんと評価し、称賛することは社会として大事なことです。

朝日新聞は先日、「裏金」問題で新聞協会賞を受賞したと特集しました。これは、日曜

版のスクープなしにはできなかった。日曜版のスクープがあったから、裏金はこれほどの大きな問題になった。そのことを、いろんな人がもっと広げていくべきだと思います。

ある大手紙の政治部記者に「なぜ（日曜版のスクープを）やらなかったのか」と聞きました。「捜査機関が動かなければ記事にできない」とのことでした。政治家の圧力や批判への恐怖感があるのでしょう。

自民党総裁選では、どの候補も裏金問題にはふれますが、徹底して膿《うみ》を出す人はいません。メディアは自民党そのものの体質を報道するべきです。

「赤旗」が徹底して調査報道を続けていることを共産党の政策とともに伝えていけば、共産党への信頼感が高まっていくと思います。

〝ただ真面目な記者〟による特ダネ

ノンフィクション作家　清武英利さん

総勢40人の「赤旗」日曜版で、調査報道に携わる記者は、2〜4人にすぎないそうで

す。その一握りの記者が、「桜を見る会」の私物化を暴き、裏金問題キャンペーンを繰り広げてきた。一体、どんな面々なのかと思って、編集部をのぞきに行ったことがあります。

そこにいたのは、敏腕とかエリートとか、そうしたイメージには遠い、ごく普通の無名の青年たちでした。私はトヨタの技術者から教えられた「少数精鋭は、精鋭を少数集めることではなく、少数だから精鋭になっていく」という言葉を思い出しました。

マスメディアの権力監視機能が低下するなかで、若い赤旗記者は私たちに平凡な事実を突きつけています。一つは政財界を揺り動かす特ダネを生むのは、経験や学歴、記者動員力ではなく、記者個人の問題意識と「あれ、変だぞ」という違和感です。そして、「地検特捜部もやらないことをやろう」という意思、「抜かれたら抜き返せ」という記者魂ではないでしょうか。

赤旗記者に重い口を開いた私の知人は「真相を話すのに朝日新聞も『日経』も『赤旗』もない。ただ真面目な記者であればいい」と言っていました。2度目のＪＣＪ大賞は、そんな記者がここにいる、という証明でもあります。

市民に寄り添い真実突き詰める姿

弁護士　角田由紀子さん

調査報道とは何か、メディアが果たすべきことは何か――。報道を通じて「赤旗」が示してきた結果が受賞に結びついたと思います。

気の遠くなるような膨大な公の資料を一つ一つ丹念に調べあげてやり遂げた。その根気に「よくぞここまで」との思いです。

政党助成金を受け取らず、誰にも忖度《そんたく》する必要がない日本共産党のあり方が生きたものだと思います。

いま、「赤旗」の発行が厳しい現状があると知り、しみじみと実感することがあります。「赤旗」がなかったら、この世は闇になってしまう、ということです。心からの思いです。

「桜を見る会」疑惑も、裏金問題も、「赤旗」の丹念な調査によって私たち市民に明らかにされました。もし「赤旗」がなかったら、私たちは知らされないままでした。恐ろしいことです。

私は「赤旗」をすみずみまで熟読しています。裏金問題などの大きなものから、地域のささやかな市民運動まで。他のメディアが扱わないけれど社会をよくしていくために大切な取り組みを、つぶさに報じるのは「赤旗」ならではですからね。

「赤旗」の市民のそばに寄り添い、真実をとことん突き詰める姿勢を信頼しています。この新聞を、絶対に絶やしてはいけないと思います。これからも期待しています。

裏金とは無縁の共産党だからこそ
ジャーナリスト　田原総一朗さん

「赤旗」日曜版が、自民党の「政治とカネ」の大問題、裏金事件を暴いたのは見事です。『サンデー毎日』（２０２４年5月19・26日号）で山本（豊彦）編集長にインタビューした際に僕は、「最近は特ダネといえば文春砲か赤旗日曜版だ」、日曜版のスクープに「当初、一般メディアは反応できなかった。感度が低いのみならず、権力を瓦解《がかい》させるほどの事案

の報道をビビったんだと思う」といいました。

テレビなどの放送事業者は電波法に基づき総務相から放送免許を得ています。だから経営者は政府に、にらまれるようなことはできるだけやりたくない。政府批判をした出演者が番組をおろされるという〝事件〟も起きているでしょう。新聞も同じです。

裏金事件はこれまでの政治腐敗事件とは大きく違い、構造的です。20年以上もの長きにわたって続いてきたことをみてもわかるように、自民党議員は誰も悪いことだと思っていなかった。そこが今回の裏金事件の広さと深さにつながっている。それを日曜版が暴いたことは、大いに評価されるべきです。

「赤旗」が裏金問題を追及できるのは、日本共産党が党員の活動によって支えられていて、裏金に無縁でいられるからだ。他の政党はそうではない。だから他の政党の裏金問題をどのように透明化するか、という事はリアリティーが問われる。

政治資金規正法には問題が多く、だから裏金が生まれるということもある。政治資金の徹底した透明化が必要だというのが僕の考えです。

問題に気づく「視点」がある

神戸学院大学教授　上脇博之さん

「桜を見る会・前夜祭事件」や薗浦健太郎元衆議院議員の〝闇パーティー〟事件、そして今回の自民党派閥の裏金事件などは、いずれも「赤旗」日曜版の報道が端緒となり、後に大きな事件になりました。

しかしほとんどの報道機関は、国会で問題になったり、東京地検特捜部が動いたりするまで報じませんでした。

記者のみなさんと話をしていると、その記者や報道機関の「視点」はおのずとわかります。メディアが「赤旗」の報道を後追いしないのは、「共産党の機関紙が書いたことは後追いできない」という偏見があるのかもしれません。検察の「この程度なら形式犯」との誤った考えを、自分たちの判断と錯覚しているのかもしれません。

検察は一部ですが裏金事件を摘発しており、報道機関の当初の見方は誤りだったことは明らかです。

だれが最初に報じたかとか、当局が動くかどうかは関係ありません。報道機関は自分たちの頭で、〝報道する価値があるかどうか〟を判断してほしい。他の報道機関と「赤旗」が大きく違うのはその点だと思います。

「赤旗」は全部がわからなくてもわかっている部分、見えている範囲だけでも、これは問題だということに気づく「視点」を持っています。

「桜を見る会」や派閥の政治資金パーティーでも、他のメディアの報道はありました。しかし「赤旗」のように、「桜を見る会」では安倍政権による行政の私物化との視点、政治資金パーティーでは、企業・団体献金の〝抜け道〟との視点で報じているところはありません。「赤旗」と他のメディアは目の付けどころ、視点が違ったのです。

事件というのは、一見小さく見えても、大事件になる可能性を秘めています。赤旗記者さんの素晴らしいところは、小さく見える事件でも、きちんとした視点を持ち、その視点から事柄を「評価」し、報じているところです。

「志ある記者」の刺激に

「赤旗」の報道は他の報道機関の「志ある記者」に良い影響を間違いなく与えています。

毎日新聞が、麻生派も裏金づくりをしていたという元秘書の証言を刑事確定記録でスクープしました。

調査報道の手法として、事件記録の調査に熱心に取り組む記者さんたちがいます。桜を見る会前夜祭にサントリーがお酒を無償提供していたことを「赤旗」が刑事確定記録にもとづきスクープしたことが「志ある記者」のみなさんに刺激を与えたと思います。

今後も「赤旗」は、「権力監視」というジャーナリズムの本分を軸に据えて、揺るがずにやってもらいたい。受賞おめでとうございます。

（２０２４年9月15日号）

おわりに

本書は、赤旗日曜版で2024年7月21日号から始まった大型連載「実録・裏金取材 暴かれた闇」に新章を追加するなど大幅加筆し、裏金問題の端緒となった日曜版のスクープ記事などを資料として再録したものです。

人生では時に驚くようなことが起きます。

日曜版が報じた、自民党派閥政治資金パーティーの大口購入者名の大量不記載スクープ。水面に落ちた一滴の雫《しずく》でした。

神戸学院大学の上脇博之教授が刑事告発し、国会で日本共産党が追及。東京地検特捜部が裏金事件として立件し、24年総選挙で与党の自民・公明両党は、過半数割れに追い込まれるという歴史的大敗を喫しました。

一滴の雫が巨大な国民の怒りの波紋となり、与党を追い詰めたのです。

日本ジャーナリスト会議（ＪＣＪ）は「『しんぶん赤旗日曜版』の報道は、23年から24年にかけての日本の政治を揺り動かした」として24年度のＪＣＪ大賞に選びました。

裏金事件の端緒となった日曜版のスクープは22年11月6日号。この時、誰がいまの事態を予想したでしょうか。想定外の面白さは、記者の仕事の醍醐味《だいごみ》の一つです。

上脇さんは本書の帯に「自民党は〝裏金政党〟だった！　記者たちの粘り強い調査報道の記録」の言葉を寄せて下さいました。

自民党は政党助成金１６０億５０００万円余（24年）を受け取る一方、２５８億円余（23年）の政党助成金をため込んでいます。それに加え自民党の政治資金団体「国民政治協会」は24億５０００万円（22年）の企業・団体献金を受け取っています。

これだけ「表」金がありながら、なぜ裏金が必要なのか。

上脇さんは「自民党は裏金なしには政治ができない、選挙もできない。そういう政党に成り下がっている」と指摘します。

自民党政治があらゆる面で行き詰まっているからです。物価高騰の中、実質賃金は11年間で年33万円の減。厚生労働省が発表した「国民生活基礎調査」（24年7月）では、「生活が苦しい」が6割。自民党政治と国民との矛盾は広がるばかりです。

24年総選挙の比例区での自民党の絶対得票率はわずか13・8％。比例で全有権者の1割強しか投票しない政党になっています。自民党員もピーク時の約550万人（1991年）から109万1075人（2023年12月）へと5分の1に激減しています。

自民党関係者は「昔と違い、いまの自民党では、地方議員や有力支援者だって、〝ただ〟では動いてくれない。カネの力が必要だ」と打ち明けます。

19年7月の参議院選挙広島選挙区を巡る河井克行元法相夫妻による大規模買収事件。地方議員ら100人に選挙運動報酬として違法に現金約2871万円を配りました。

特捜部が公職選挙法違反と政治資金規正法違反の罪で略式起訴（24年8月）した堀井学・元自民党衆議院議員。安倍派からキックバック（還流）された裏金を使い、選挙区内の有権者に違法な寄付をしていました。

憲法は「日本国民は、正当に選挙された国会における代表者を通じて行動」すると前文に記しています。その選挙が裏金でゆがめられていたとすれば、日本の民主主義にとって極めて重大です。

「裏金取材は何人でやっているんですか」とよく聞かれます。

日曜版編集部は、整理や校閲の記者も含め総勢四十数人。このうち裏金取材に専念しているのは、デスクの山田健介と記者の笹川神由の二人です。本書もこの二人が書きました。

ノンフィクション作家の清武英利さんは、JCJ大賞受賞の談話（日曜版24年9月15日号）で記しています。

「（日曜版は）『桜を見る会』の私物化を暴き、裏金問題キャンペーンを繰り広げてきた。一体、どんな面々なのかと思って、編集部をのぞきに行ったことがあります。そこにいたのは、敏腕とかエリートとか、そうしたイメージには遠い、ごく普通の無名の青年たちでした」

ごく普通の記者たちがなぜ、スクープを出すことができたのか。

日曜版は、政治資金パーティーにこだわってきました。企業・団体献金の大きな〝抜け穴〟になっていたからです。この視点は日本共産党の機関紙の記者ならではのものです。

30年前の「政治改革」。小選挙区制導入に議論がすり替えられるなか、日本共産党は企業・団体献金の禁止を主張しました。共産党はその後、30年間、パーティー券購入を含む企業・団体献金を全面的に禁止する法案を国会に出し続けました。いまや企業・団体献金の禁止は国民世論の多数となり、他の野党にも広がり、反対は自民党だけになりました。

営利が目的である企業の献金は見返りを求めるもので、本質的には政治を買収する〝ワイロ〟です。自民党は経済界から多額の献金を受け、その意向に沿って法人税減税や消費税増税、労働法制改悪など財界・大企業の利益を最優先にする政策を進めてきました。巨大な資金力を持つ財界・大企業が、カネの力で自らに有利な方向で政治をゆがめることは、憲法の国民主権からみても大問題。だから私たちは、企業・団体献金の大きな〝抜け穴〟となっている政治資金パーティーを追ってきたのです。

ＪＣＪは大賞の受賞理由で「公開されている膨大な政治資金報告書から、一つ一つを地道に積み上げ、検察の捜査にまでつなげ、それが大政治犯罪であることを明らかにした」と評価しました。約6万の政治団体の収支報告書を調べるという「気が遠くなるような地道な作業」（上脇さん）をやることができたのは、企業・団体献金をやめさせるという強い意志があったからです。

ＪＣＪ大賞受賞の談話でジャーナリストの田原総一朗さんは「『赤旗』が裏金を追及できるのは、日本共産党が党員の活動によって支えられていて、裏金に無縁でいられるからだ」と語りました。

日本の政界を長年見続けてきた田原さんならではの発言です。

日本共産党は企業・団体献金も政党助成金も受け取っていません。歯を食いしばり自前で財政をつくっています。選挙も党員が、支持してくれる国民とともに自覚的に支えています。〝裏金政党〟の自民党と対極にある共産党の機関紙だからこそ裏金を追及できたのだと思います。

裏金事件の端緒となった日曜版スクープが出ても大手メディアの多くは、〝黙殺〟していました。一番敏感に反応したのは、裏金の存在を知っていた自民党本部中枢でした。

毎日新聞（23年12月23日付）は、日曜版スクープ後、自民党のコンプライアンス担当の弁護士が、安倍派側に法令違反の疑いを指摘した、と書いています。メディアが報じはじめたのは特捜部が動きはじめてからです。

検察などの捜査機関が動かないと報じない。これでは、捜査を先取りするいわゆる〝前打ち〟スクープはできても、捜査機関が動かない案件でのスクープはできません。

法政大学第19代総長の田中優子さんは東京新聞（23年12月31日付）に掲載されたコラム「時代を読む」で書きました。

「酷いニュースが多い中でジャーナリストの調査と市民の運動が政治家の不正を追い詰めたことには、希望が持てる」

私たちは上脇さんから多くのことを学びました。

日曜版が不記載を指摘すると自民党は訂正します。訂正さえすれば、他のメディアも追ってこないと思っているからです。しかし上脇さんは「訂正は〝罪の自白〟」だとして、訂正した収支報告書を動かぬ〝証拠〟として告発しました。

日曜版の記事と、上脇さんの告発が連携することで、特捜部を動かし、立件させたと思っています。

私たちはこれからも、権力が国民に隠している巨悪、なかでも特捜部が捜査をしていない巨悪を明らかにしていきます。ジャーナリズムの原点は、「権力監視」だと思っているからです。

裏金事件は終わっていません。刑事事件の捜査が終わったとしても、政治家には政治的・道義的責任があり、そこに時効はありません。私たちはこれからも、上脇さんや市民のみなさんと連携し、裏金事件の真相究明をし、自民党の〝闇〟を暴く決意です。


しんぶん赤旗日曜版編集部編集長　山本豊彦

実録《じつろく》・自民裏金取材《じみんうらがねしゅざい》　「赤旗《あかはた》」が暴《あば》いた闇《やみ》

2025年1月10日　初　版

著　者　しんぶん赤旗日曜版編集部
発行者　角　田　真　己

郵便番号　151-0051　東京都渋谷区千駄ヶ谷4-25-6
発行所　株式会社　新日本出版社
電話　03（3423）8402（営業）
03（3423）9323（編集）
info@shinnihon-net.co.jp
www.shinnihon-net.co.jp
振替番号　00130-0-13681
印刷・製本　光陽メディア

落丁・乱丁がありましたらおとりかえいたします。

ISBN978-4-406-06822-2 C0031　Printed in Japan